Ágnes Silló

Szituációk

Ein Ungarischlehrwerk für Anfänger

D1662973

Max Hueber Verlag

Ich möchte mich bei meiner Mutter, Silló Béláné, und bei meiner Freundin, Csontos Erika, für die Hilfe bei der Besorgung von Realien, bei Regina und Dieter Weigel für die finanzielle Unterstützung des Projekts sowie bei allen meinen Schüler(inne)n bedanken, die mit ihrem Interesse an der ungarischen Sprache, ihren Anregungen und Hinweisen und vor allem mit ihrer Kritik die Entstehung dieses Lehrwerks unterstützt haben.

Ágnes Silló

Verlagsredaktion: Gaby Bauer-Negenborn, München
Beratende Mitarbeit: Dr. Kiss Jenö, Budapest
　　　　　　　　　　Maczky Mária, München
Umschlagzeichnung: Vera Amor, Stuttgart
Umschlaggestaltung: Kurt Schindler, München
Zeichnungen: Herbert Horn, München
Fotos: Szilágyi Lenke, Debrecen

| 4. | 3. | 2. | | | Die letzten Ziffern |
| 2008 | 07 | 06 | 05 | 04 | bezeichnen Zahl und Jahr des Druckes. |

Alle Drucke dieser Auflage können, da unverändert,
nebeneinander benutzt werden.
2. aktualisierte Auflage 2002
© 1995 Max Hueber Verlag, 85737 Ismaning, Deutschland
Satz: Fuzzy Design, F. Geithner, München
Druck und Bindung: Ludwig Auer GmbH, Donauwörth
Printed in Germany
ISBN 3-19-005161-5

Vorwort

Nach der politischen Wende in Osteuropa ist im Westen das Interesse an der ungarischen Sprache deutlich gestiegen. Auch Sie haben sich entschlossen, diese zuweilen als „exotisch" geltende Sprache eines kleinen Volkes zu lernen. Wenn Sie sich auf einen Aufenthalt in Ungarn oder einfach auf Gespräche mit Ungarn vorbereiten möchten, dann ist **Szituációk** das richtige Lehrwerk für Sie. Der Kurs ist ein zeitgemäßes Unterrichtswerk, das die Bedürfnisse und Interessen deutschsprachiger Lernender besonders berücksichtigt.

Im Mittelpunkt von **Szituációk** steht die Kommunikation. Die tragenden Elemente des Lehrwerks sind die Sprechabsichten (sich vorstellen, sich informieren, etwas vorschlagen usw.), die in zahlreichen Dialogen umgesetzt werden. Die einzelnen Lektionen behandeln Themen des ungarischen Alltags (Einkaufen, Essen, Familie, Verkehr, Freizeit usw.) und bieten Sprachmuster für die wichtigsten Situationen des täglichen Lebens.

Szituációk legt neben dem Sprechen von Anfang an großen Wert auf das Hörverstehen. Die Begleitkassetten machen Sie mit der ungarischen Sprache in natürlichem Sprechtempo vertraut. Lesen (Schilder, Speisekarte, Theaterprogramm, Zeitung usw.) und Schreiben (Notizen, Formulare, Briefe usw.) werden in dem Umfang berücksichtigt, in dem Sie diese Fertigkeiten in der Praxis tatsächlich benötigen.

Damit Sie aber nicht nur lebendige Sprache lernen, sondern auch landeskundliche Informationen über Ungarn bekommen, enthält **Szituációk** eine Fülle von Realien (Kleinanzeigen, Fahrplanauszüge, Prospekte) sowie authentische Lesetexte (Zeitungsartikel, Kurzgeschichten, Märchen, Gedichte, Lieder usw.), die sprachlich genau auf Ihre Kenntnisse abgestimmt sind.

Im Laufe des Lehrwerks werden Sie Schritt für Schritt die wesentlichen grammatischen Strukturen der ungarischen Sprache kennen lernen. Grammatik wird allerdings nicht zum Selbstzweck betrieben, sondern aus dem Sprachgebrauch heraus systematisch erarbeitet und geübt. Im Anhang des Lehrbuchs finden Sie neben dem ungarisch-deutschen Lektionswortschatz einen ausführlichen Grammatikkommentar, der für die häusliche Nachbereitung geeignet ist. Die grammatischen Besonderheiten der ungarischen Sprache werden in verständlicher Form beschrieben; auf grammatische Fachterminologie wird weitestgehend verzichtet. In der Grammatikübersicht (Seite 194–201) erhalten Sie einen tabellarischen Überblick über die ungarische Grundgrammatik.

Neben den bereits erwähnten Begleitkassetten gibt es zu **Szituációk** ein Arbeitsbuch, das Sie sowohl im Unterricht als auch zu Hause verwenden können. Es enthält vielfältige Übungen zu Wortschatz und Grammatik, Hörverständnisübungen, spielerische Aufgaben (Rätsel, Wortspiele usw.) sowie zusätzliche Lesetexte.

Sie werden mit **Szituációk** bei einer Doppelstunde Unterricht wöchentlich 4–5 Semester beschäftigt sein. Am Ende des Lehrwerks verfügen Sie über einen soliden Grundwortschatz und Ihnen sind die wichtigsten grammatischen Erscheinungen der ungarischen Sprache vertraut. Eine Reise nach Ungarn sollten Sie aber ruhig schon vorher unternehmen. Wenn Sie feststellen, wie gut Sie sich bereits verständigen können, wird Ihnen das Weiterlernen noch mehr Freude machen.

Wir wünschen Ihnen viel Spaß und vor allem viel Erfolg mit **Szituációk**.

Autorin und Verlag

Symbole / Piktogramme

Die Texte auf den Begleitkassetten sind im Lehrbuch mit dem Symbol gekennzeichnet.

Das Piktogramm zeigt, welche Übungen zu zweit oder in Kleingruppen (3-4 Personen) bearbeitet werden sollen.

Übungen, deren Einführungsdialoge auf der Kassette aufgezeichnet sind, erkennen Sie an dem Symbol

Das Symbol steht bei Leseverständnisübungen.

Quellenverzeichnis

Der Verlag dankt den folgenden Personen und Institutionen – soweit sie erreicht werden konnten – für die freundliche Genehmigung zum Abdruck von Copyright-Material. Für weitere Hinweise sind wir dankbar.

Bauer-Negenborn, Gaby (München): Fotos Seite 22 (unten links), 63
Bleher, Matthias (Ismaning): Karten Seiten 18, 28, 53, 80
Cardex (Budapest): Realie Seite 114
Editio Musica (Budapest): Text Seite 44
Elixír (Budapest): Text Seite 115
Esti Hírlap (Budapest): Realien Seite 88, 99
Friedrich, Erna (Ismaning): Fotos Seite 68 (links)
Grünwald, Nine (München): Noten Seite 100
Hungaroton (Budapest): Texte/Zeichnung Seite 77, 100
Ibusz (Budapest): Realien Seite 57, 131, 143
Kárpátia (Budapest): Realie Seite 47
Képzőművészeti Kiadó (Budapest): Realien Seite 48 (oben), 101, 103, 104, 141, 142 (rechts), 144, 145, 146, 147
Magyar Hírlap (Budapest): Realien Seite 82
Magyar Nők Lapja (Budapest): Texte/Cartoons Seite 83, 125, 130, 135, 153, 154
Magvető (Budapest): Text Seite 150
Mai Magazin (Budapest): Realie Seite 140
Malév (Budapest): Realien Seite 93
MÁVTours (Budapest): Realie Seite 92
Móra Kiadó (Budapest): Texte Seite 59, 75, 151, 153
Népszabadság (Budapest): Realien Seite 128
Pesti Műsor (Budapest): Realien Seite 14, 15, 32, 33, 86, 88, 138, 148
Pesti Riport (Budapest): Text/Foto Seite 148, 149
Süddeutscher Verlag/Bilderdienst (München): Fotos Seite 97 (außer Mitte und unten rechts)
Szépirodalmi Könyvkiadó (Budapest): Texte Seite 133, 151
Szilágyi, Lenke (Debrecen): Fotos Seite 13, 15, 19, 22, 24, 25, 27, 34, 39, 41, 42, 43, 45, 46, 48, 49, 56, 58, 66, 67, 74, 89, 90, 91, 97 (unten rechts und Mitte), 101, 103, 106, 107, 110, 112, 114, 117, 118, 119, 121, 122, 124, 126, 127, 128, 134, 135, 136, 137, 141

Inhalt

Lecke		Sprechabsichten	Themen/Situationen	Seite
1	Szia!	jmd. begrüßen, sich vorstellen, jmd. nach Namen/Alter/Beruf/ Befinden fragen	Begrüßungsformen, Angaben zur Person: Name/Alter/Beruf/Befinden	8
2	Lakás	jmd. nach dem Wohnort fragen, den Wohnort angeben, eine Wohnung beschreiben, Gegenstände benennen, Gefallen/ Missfallen ausdrücken	am Wohnort, in der Wohnung, Einrichtung, Farben, Eigenschaften	18
3	Hova megyünk?	Tätigkeiten benennen, nach der Uhrzeit fragen, den Tagesablauf beschreiben, sich verabreden	Tätigkeiten, Uhrzeiten, Tagesablauf, Wochenplan	26
4	Bevásárlás	Waren verlangen, nach dem Preis fragen, nach der Menge fragen	im Geschäft, auf dem Markt, am Zeitungskiosk	36
5	Jó étvágyat!	Speisen und Getränke bestellen, die Rechnung verlangen/bezahlen, jmd. etw. anbieten, Kochrezepte angeben	im Café, im Restaurant, zu Besuch, Kochrezepte	45
6	A városban	sich nach dem Weg erkundigen, einen Weg beschreiben	in der Stadt, Verkehr und Verkehrsmittel	52
7	A mi családunk	jmd. vorstellen, Verwandt-schaftsbeziehungen angeben, Personen beschreiben	Familienmitglieder, Verwandte, Personalien, Aussehen	60

Lecke		Sprechabsichten	Themen/Situationen	Seite
8	Hol voltál?	über Vergangenes berichten, nach gewohnheitsmäßigen Tätigkeiten fragen, eine Geschichte erzählen	Vergangenes, Tagebuch, Märchen	69
9	Szabadság és szabadidő	über den Urlaub berichten, jmd. nach seiner Herkunft/Nationalität fragen, Sprachkenntnisse angeben, Zukunftspläne äußern, über Interessen/Hobbys berichten	im Urlaub, auf Reisen, Länder, Nationalitäten, Sprachen, Freizeit und Interessen	78
10	Az idő	sich nach Fahrzeiten erkundigen, Fahrkarten kaufen, einen Flug buchen, ein Datum angeben, einen Lebenslauf schildern, über das Wetter sprechen	am Bahnhof, Datum und Kalender, Lebensläufe, Wetter	89
11	Ünnepek	jmd. gratulieren, über Feiertage und Feste berichten, sich über Geschenke unterhalten, jmd. einladen	Geburts- und Namenstag, Feiertage und Bräuche, Geschenke, Einladungen	101
12	Fő az egészség	Beschwerden angeben, Vorschläge machen, Ratschläge erteilen, jmd. zu etw. auffordern, über den Gesundheitszustand berichten	Körperteile, Gesundheit und Krankheit, beim Arzt, in der Apotheke, gesunde Lebensweise	108
13	Mit vegyek fel?	etw. beschreiben, Besitzverhältnisse ausdrücken, Waren vergleichen/kaufen, sich nach bestimmten Waren erkundigen	Kleidungsstücke, im Kaufhaus, im Schuhgeschäft	116

Lecke		Sprechabsichten	Themen/Situationen	Seite
14	Posta, telefon, bank	Briefe/Telegramme aufgeben, Telefonnummern erfragen, jmd. anrufen, Geld wechseln, Vermutungen/Wünsche äußern	auf der Post, beim Telefonieren, in der Bank, Korrespondenz	122
15	Autóval megyünk	Mängel am Auto beschreiben, ein Zimmer mieten, Meinungen äußern	an der Grenze, an der Tankstelle, Autoreparatur, im Hotel, Trampen	133
16	Magyar városok	über Städte und ihre Sehenswürdigkeiten berichten	ungarische Städte und ihre Sehenswürdigkeiten	141
17	Olvasnivaló	die wesentlichen Informationen aus Originaltexten wiedergeben	Interview, Erzählungen, Märchen, Gedichte, Cartoons	148

Anhang

Grammatikkommentar	156
Grammatikübersicht	194
Lektionswortschatz	202

1 Szia!

A  Szervusz!

1. lecke

 1 Nevek

magyar családnevek	magyar utónevek	
Arany	Anna	Attila
Bíró	Borbála (Bori)	Béla
Fekete	Csilla	Csongor
Hegedűs	Emese	Endre (Bandi)
Juhász	Gabriella (Gabi)	Gábor (Gabi)
Kis/Kiss	Györgyi	György (Gyuri)
Kovács	Ibolya	István (Pista)
Magyar	Ildikó (Ildi)	János (Jancsi)
Molnár	Judit (Jutka)	József (Józsi)
Nagy	Katalin (Kati)	Károly (Karcsi)
Németh	Margit	Lajos
Papp/Pap	Mária (Mari)	László (Laci)
Szabó	Márta (Márti)	Mihály (Misi)
Székely	Piroska (Piri)	Pál (Pali)
Tóth	Sára (Sári)	Péter (Peti)

 ## Hogy hívnak?

— Jó napot. Kis Péter vagyok.
— Örvendek. Kovács László.

— Szia! Szabó Katalin vagyok.
— Szia! Engem Nagy Jánosnak hívnak.

— Hogy hívnak?
— Engem Péternek. És téged?
— Engem Zsuzsának.

— Hogy hívják önt?
— Molnár Jánosné vagyok.
— Örvendek. Szabó Péter.

— Ki ön?
— Fekete István vagyok.

én	→	engem
te	→	téged
ön	→	önt

Hogy hívnak?	(Engem) Péter**nek** hívnak.
	Téged Kati**nak** hív**nak**.
Hogy hívják (önt)?	Nagy János.
	Nagy János vagyok.
	(Engem) Nagy János**nak** hív**nak**.

2 Válasszon nevet és mutatkozzon be!

— Hogy hívnak?
— Nagy Piroskának hívnak. És téged?
— Németh István vagyok.

— Hogy hívják önt?
— Molnár Györgynek hívnak. És önt?
— Szabó Zsuzsanna vagyok.

Sándor	→	Sándor**nak**
Anna	→	Anná**nak**
Endre	→	Endré**nek**
Györgyi	→	Györgyi**nek**
Kati	→	Kati**nak** (!)
Margit	→	Margit**nak** (!)

a → á
e → é

Hogy vagy?

B

— Szervusz, Mária!
— Szervusz, Péter! Hogy vagy?
— Köszönöm, jól. És te?
— Kösz', én is.

— Jó napot, doktor úr!
— Jó napot kívánok. Hogy van?
— Köszönöm, megvagyok. És ön?
— Én jól, köszönöm.

— Sziasztok!
— Szia!
— Szia!
— Hogy vagytok?
— Köszönöm, egész jól. És te?
— Én, sajnos, rosszul.
— És hogy vannak a gyerekek?
— Ők jól, köszönöm.

Hogy vagy? (te)		Köszönöm, ...
Hogy vagytok? (ti)		... nagyon jól.
		... egész jól.
		... jól.
		... megvagyok.
Hogy van? (ön)		Nem jól.
Hogy vannak? (önök)		Sajnos, rosszul.

1. lecke

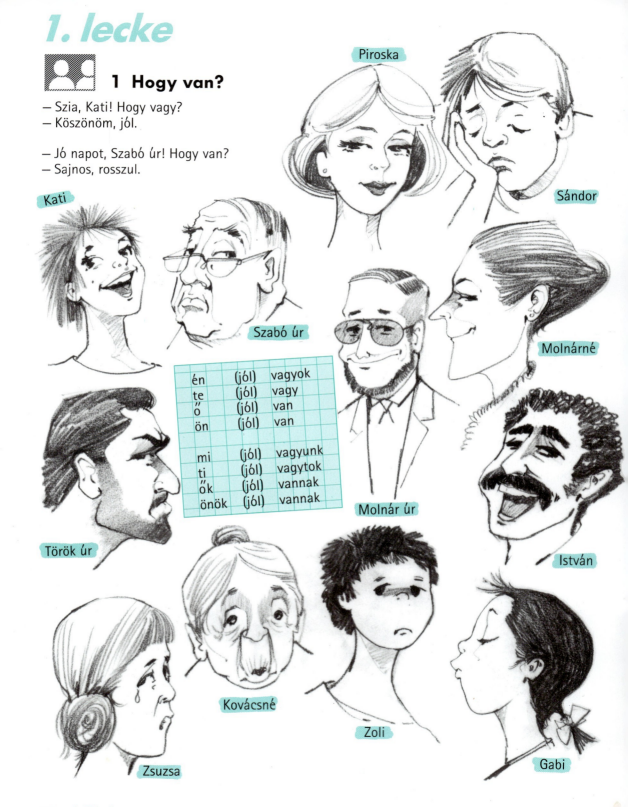

1 Hogy van?

— Szia, Kati! Hogy vagy?
— Köszönöm, jól.

— Jó napot, Szabó úr! Hogy van?
— Sajnos, rosszul.

Piroska

Sándor

Kati

Szabó úr

Molnárné

én	(jól)	vagyok
te	(jól)	vagy
ő	(jól)	van
ön	(jól)	van
mi	(jól)	vagyunk
ti	(jól)	vagytok
ők	(jól)	vannak
önök	(jól)	vannak

Molnár úr

Török úr

István

Kovácsné

Zoli

Zsuzsa

Gabi

2 Ki ez?

— Ki ez?
— Ez József Attila.

— És ez ki?
— Ez Bartók Béla.

— Ez József Attila?
— Nem, ez nem József Attila, hanem Petőfi Sándor.

— És ki ő?
— Ő Kodály Zoltán.

Bartók Béla

Blaha Lujza

Déryné Széppataki Róza

József Attila

Kaffka Margit

Kodály Zoltán

Liszt Ferenc

Nemes Nagy Ágnes

Petőfi Sándor

1. lecke

C **Számok**

0	nulla	15	tizenöt	30	harminc
1	egy	16	tizenhat	31	harmincegy
2	kettő/két	17	tizenhét	32	harminckettő/-két
3	három	18	tizennyolc	33	...
4	négy	19	tizenkilenc	34	...
5	öt	20	húsz	35	...
6	hat	21	huszonegy	.	
7	hét	22	huszonkettő/-két	.	
8	nyolc	23	huszonhárom	40	negyven
9	kilenc	24	huszonnégy	50	ötven
10	tíz	25	huszonöt	60	hatvan
11	tizenegy	26	...	70	hetven
12	tizenkettő/-két	27	...	80	nyolcvan
13	tizenhárom	28	...	90	kilencven
14	tizennégy	29	...	100	száz

+van/+ven

1 Olvassa!

12, 19, 23, 25, 28, 31, 34, 37, 42, 45, 50, 53,
59, 61, 66, 67, 70, 77, 80, 85, 86, 92, 100, 101

2 Folytassa a számsort!

3, 6, 9, 12, ...   7, 14, 21, 28, ...

5, 10, 15, 20, ...   9, 18, 27, 36, ...

3 Telefonszámok

MAGYAR NEMZETI MÚZEUM
(VIII., Múzeum krt. 14-16. Tel.: 338-2122) Nyitva: hétfő kiv. 10-17 óráig.
■ A koronázási palást, a prágai Szent István-kard. Magyarország története az államalapítástól 1990 tavaszáig. Lapidarium — Római kori kőtár, középkori és kora újkori kőtár. Áll. kiáll.
■ A Magyar Nemzeti Múzeum új szerzeményei márc. 25-ig. Relikviák a Széchenyi család hagyatékából febr. 20-áig. Fénnyel írott történelem — fotókiállítás ápr. 29-éig. Idősz. kiáll.

PETŐFI CSARNOK
(XIV., Városliget, Zichy M. út 14. Tel.: 343-4327)
■ Vasárnap, 18-án, de. 10-kor: Intersíbörze.

PLANETÁRIUM
(X., Népliget. Tel.: 263-1811 /munkanapokon 8-16 óráig/, 265-0725 /hétvégén is hívható/. Pénztár: a hétfői szünnap kivételével 9-16 óráig. A csillagászati előadásokra a jegyár egységesen 460 forint.)

263–1811	*Planetárium*
201–4407	
338–2122	
353–0170	
212–9717	
269–3839	
317–8982	

Hány éves vagy? Mi a foglalkozásod?

D

— Szia! Kovács Péter vagyok.
  Téged hogy hívnak?
— Engem Magyar Juditnak hívnak.
  Mi a foglalkozásod?
— Tanár vagyok. És te?
— Én mérnök vagyok.
— Hány éves vagy?
— Huszonnyolc. És te?
— Én harmincegy éves vagyok.

én (orvos) vagyok
te (orvos) vagy
ő (orvos) — (!)
ön (orvos) — (!)

Mi a foglalkozásod?

Mi a foglalkozása?

(Én) Tanárnő vagyok.

Ő orvos. (!)

1. lecke

— Jó napot kívánok. Kiss Anna vagyok.
  És önt hogy hívják?
— Szabó Lászlónak hívnak. Taxisofőr vagyok.
  És ön? Mi a foglalkozása?
— Orvos vagyok.
— Akkor doktor Kiss Annának hívják, ugye?
— Igen. Ön hány éves?
— Negyvenkét éves vagyok. És ön?
— Harmincnégy. Ön nős?
— Nem, nőtlen vagyok. És ön férjnél van?
— Igen, férjnél vagyok.

én	(30 éves) vagyok
te	(30 éves) vagy
ő	(30 éves) — (!)
ön	(30 éves) — (!)

Hány éves vagy?
(Ön) Hány éves?

(Ő) Hány éves?

(Én) 20 éves vagyok.

(Ő) 32 éves. (!)

1 Ki ez?

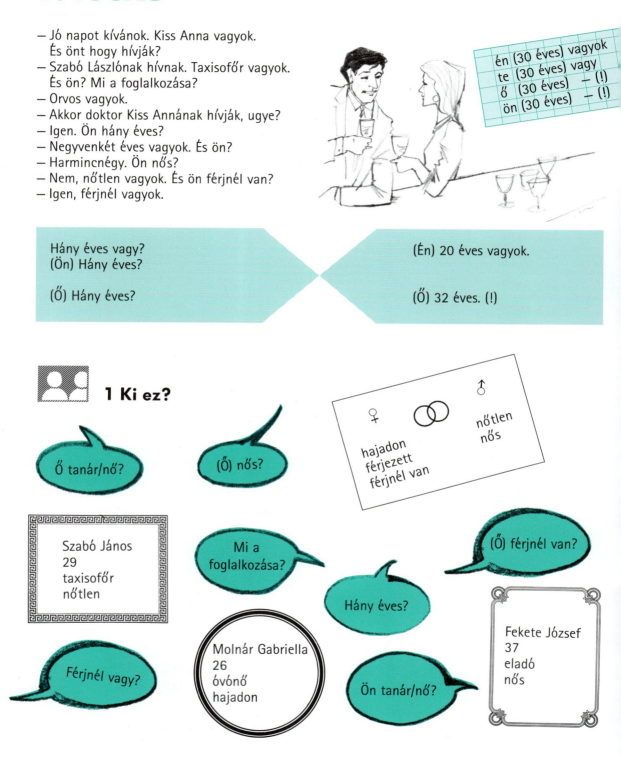

Ő tanár/nő?

(Ő) nős?

♀   ⚭   ♂
hajadon   nőtlen
férjezett   nős
férjnél van

Szabó János
29
taxisofőr
nőtlen

Mi a foglalkozása?

(Ő) férjnél van?

Hány éves?

Férjnél vagy?

Molnár Gabriella
26
óvónő
hajadon

Ön tanár/nő?

Fekete József
37
eladó
nős

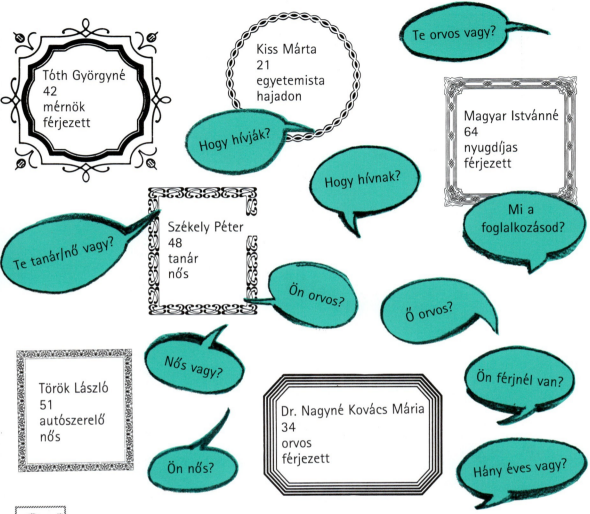

Tóth Györgyné
42
mérnök
férjezett

Kiss Márta
21
egyetemista
hajadon

Te orvos vagy?

Magyar Istvánné
64
nyugdíjas
férjezett

Hogy hívják?

Hogy hívnak?

Mi a foglalkozásod?

Székely Péter
48
tanár
nős

Te tanár/nő vagy?

Ön orvos?

Ő orvos?

Nős vagy?

Török László
51
autószerelő
nős

Dr. Nagyné Kovács Mária
34
orvos
férjezett

Ön férjnél van?

Ön nős?

Hány éves vagy?

2 Olvassa!

[gy]
Hogy hívnak? / Magyar Györgyi vagyok. / Nagy György vagyok. / Hogy vagy, Gyuri? / Megvagyok. / Hogy vagytok? / Egyetemista vagyok. / egy / negyvenegy / negyvennégy

[ny]
Hány éves vagy? / Hány éves Sanyi? / tizennyolc / nyolc / nyolcvan / nyolcvannyolc / nyugdíjas

[a]-[o]
Jó napot. / Viszontlátásra. / Sziasztok. / Varga Veronika vagyok. / Magyar Lajos vagyok. / Nagy Ibolya vagyok. / Hogy vagytok? / Mi a foglalkozásod? / Orvos vagyok. / Ibolya hajadon. / hatvannyolc / foglalkozás / hajadon

2 Lakás

A **Hol laksz?**

— Hol laksz?
— Németországban lakom, Berlinben. És te?
  Itt laksz Budapesten?
— Nem, én Debrecenben lakom.

— Hol lakik?
— Ausztriában lakom, Bécsben.

— Ti hol laktok?
— Svájcban.
— És melyik városban?
— Zürichben lakunk.

−ban, −ben, −n, −on, −en, −ön

Berlin ●

Bécs ●

●**Bern**

Svájc

Ausztria

Budapest ●

Németország

Magyarország

én	lakom
te	laksz
ő/ön	lakik

mi	lakunk
ti	laktok
ők/önök	laknak

Hol laksz?
Ön hol lakik?

Hol laktok?
Önök hol laknak?

Salzburg**ban** lakom.
Berlin**ben** lakom.

Tatabányá**n** lakunk.
Miskolc**on** lakunk.
Budapest**en** lakunk.
Gyöngyös**ön** lakunk.

Németország**ban**	Ausztriá**ban**	Magyarország**on**	**!** Debrecen**ben**
NSZK-**ban**	Salzburg**ban**	Békéscsabá**n**	Eger**ben**
Frankfurt**ban**	Bécs**ben**	Szolnok**on**	Esztergom**ban**
Berlin**ben**		Szeged**en**	Győr**ben**
Drezdá**ban**	Svájc**ban**	Balatonszentgyörgy**ön**	Sopron**ban**
Lipcsé**ben**	Chur**ban**		Veszprém**ben**
	Zürich**ben**		

1 Ki hol lakik?

Mi a foglalkozásod?

Kiss László
43
tanár
Balatonfüred

Papp Mária
21
egyetemista
Budapest

Hány éves vagy?

Ulrich Mai
67
nyugdíjas
Genf

Mi a foglalkozása?

Hol laksz?

ogy hívják?

Hol lakik?

Barbara Weiß
48
pszichológus
Graz

Dr. Székely Zoltán
54
orvos
Győr

Hány éves?

Hogy hívnak?

Anke Stein
26
riporter
Innsbruck

2. lecke

B

Lakások

Ez egy emeletes családi ház. A földszinten van a konyha, a nappali és két gyerekszoba. Az emeleten van a hálószoba, a fürdőszoba és a vécé.

Ez egy hétemeletes vár. Itt lakik a király meg a királynő. A hét emeleten 77 szoba van: kis szobák, nagy szobák, kis termek, nagy termek, folyosók, lépcsők, erkélyek.

| egy szoba |
| két szoba |
| . . . |
| öt szoba |
| . . . |
| 77 szoba |

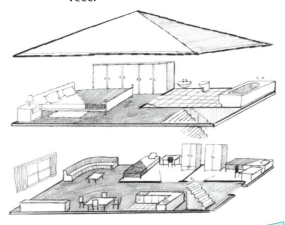

földszint — földszinten
emelet — emeleten

Ez egy háromszobás lakás. A lakásban van nappali, hálószoba, egy gyerekszoba, azonkívül előszoba, konyha, fürdőszoba és vécé.

① nappali   ② hálószoba   ③ gyerekszoba   ④ előszoba   ⑤ konyha   ⑥ fürdőszoba   ⑦ vécé

① szék	→ szék**ek**	⑩ ajtó	→ ajtó**k**
② szekrény	→ szekrény**ek**	⑪ telefon	→ telefon**ok**
③ kép	→ kép**ek**	⑫ polc	→ polc**ok**
④ szőnyeg	→ szőnyeg**ek**	⑬ ágy	→ ágy**ak**
⑤ tévé	→ tévé**k**	⑭ lámpa	→ lámpá**k**
⑥ asztal	→ asztal**ok**	⑮ hűtőszekrény	→ hűtőszekrény**ek**
⑦ íróasztal	→ íróasztal**ok**	⑯ mosdó	→ mosdó**k**
⑧ fotel	→ fotel**ek**	⑰ zuhanyozó	→ zuhanyozó**k**
⑨ ablak	→ ablak**ok**	⑱ kád	→ kád**ak**

a k**é**p
a sz**é**k

az íróasztal
az ablak

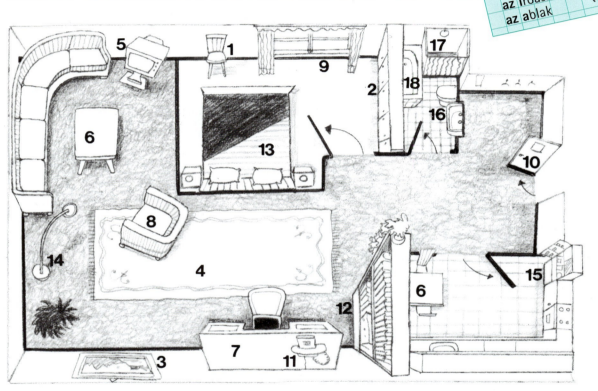

Mi ez?	Ez a szék.	Mi**k** ez**ek**?	Ez**ek** a szék**ek**.
	Ez az asztal.		Ez**ek** az asztal**ok**.
	Ez kép.		Ez**ek** kép**ek**.
	Ez egy polc.		Ez két polc. (!)

2. lecke

1 Mi van a szobákban?

Mi van a nappaliban?

◀ Ez itt a hálószoba. Jobbra van egy szekrény. Középen van két ágy. Elöl van egy tévé. Hátul vannak az ablakok. Balra fent van egy kép.

Mi van a fürdőszobában?

Mi van a konyhában?

Mi van az előszobában?

```
                           hátul
                            ↗
        balra  ←  középen  →  jobbra
                    elöl
```

2 Mi hol van a lakásban?

— Judit, hol van a telefon?
— Az előszobában van, hátul.
— Köszönöm, már megvan.

— Hol van a fürdőszoba?
— Itt, jobbra.

— Judit, van még itthon sör?
— Igen, a hűtőszekrényben van még.

— Hol vannak még székek?
— A konyhában balra van még két szék és a hálószobában van egy fotel.
— És hol van a hálószoba?
— Hátul, jobbra.
. . .

poharak

hűtőszekrény

vécé

erkély

hamutartó

telefonkönyv

Egészségetekre!

2. lecke

  ## Hogy tetszik?

— Szia!
— Szia! Gyere be! Nos, ez itt az új lakás.
  Itt jobbra van a nappali. Hogy tetszik?
— Nagyon szép. Ezek a fotelek nagyon
  tetszenek nekem.
— És hogy tetszik az új függöny?
— Nem rossz. Egy kicsit régimódi.
  És hol van a konyha?
— A konyha, sajnos, elég kicsi.
  Itt van balra, gyere!
. . .

ez a(z) — ezek a(z)
az a(z) — azok a(z)

Hogy tetszik ez a lámpa? ez az új asztal?	Tetszik. Nagyon szép. Nem tetszik.
Hogy tetsz**enek** ez**ek** a képek? ez**ek** az új ágy**ak**?	Nagyon tetsz**enek**. Nem tetsz**enek**.

1 Milyen? Milyenek?

— Milyenek ezek a lámpák?
— Ez a lámpa modern, az a lámpa régimódi.
— És milyenek ezek a fotelek?
— Ezek a fotelek újak, azok pedig régiek.

modern	↔	régimódi
új	↔	régi
nagy	↔	kis/kicsi
világos	↔	sötét
jó	↔	rossz

Milyen ez a lámpa?
Milyen**ek** ez**ek** a lámpá**k**?

Milyen asztal ez?
Milyen asztal**ok** ez**ek**?

Ez a lámpa modern.
Ez**ek** a lámpá**k** modern**ek**.

Ez fehér asztal.
Ez**ek** fehér asztal**ok**.

2 Milyen színű . . .?

fehér
zöld
kék
fekete
barna
piros
sárga

3 Tetszik?

— Tetszik ez az íróasztal?
— Nem, nem tetszik. Túl régimódi.
  Az a modern íróasztal jobban tetszik.

szekrény
kép
fotel
lámpa
. . .

4 Olvassa!

[a] – [á]
Tamás Tatabányán lakik, egy nagy családi házban. / Németországban, Drezdában lakom. / Sára a lakásban van. / Az ágyak a szobában vannak. / sárga lámpa / Svájcban / Ausztriában

[e] – [é]
Németh Péterné negyvennégy éves. / Ezek nem székek, ezek szekrények. / Ezek a képek nem szépek. / fehér erkélyek / Bécsben / Lipcsében / Veszprémben

3 Hova megyünk?

A  **Ki mit csinál?**

ő	tanul		
	főz		
ők	tanul**nak**		
	főz**nek**		

takarít

tévét néz

alszik

fürdik

tanul

iszik

főz

eszik

zenét hallgat

dolgozik

játszik

olvas

1 Ki lakik a . . .?

— Ki lakik a második emeleten jobbra?
— Székely Pál.
— És mit csinál Székely Pál?
— Székely Pál a konyhában főz.

Ki takarít?

Hol alszanak?

Mit csinálnak
a gyerekek
a földszinten?

És hányadik emeleten
lakik Kiss Ildikó?

ő	dolgoz**ik**
	esz**ik**
ők	dolgoz**nak**
	esz**nek**

(alsz**anak**, játsz**anak**
takarít**anak**, fürd**enek**)

B

Hány óra van?

— Elnézést, hány óra van?
— Fél nyolc.
— Köszönöm.

— Elnézést, mennyi az idő?
— Mindjárt hét óra.
— Köszönöm.

CENTRUM

 8 óra

 8 óra 15 perc
negyed kilenc

 8 óra 30 perc
fél kilenc

 8 óra 45 perc
háromnegyed kilenc

3. lecke

1 Világóra

— Hány óra van Tokióban, amikor Budapesten
délután 5 óra van?
— Akkor Tokióban éjjel 1 óra van.

reggel	—	7 óra
délelőtt	—	11 óra
délben	—	12 óra
délután	—	4 óra (16 óra)
este	—	8 óra (20 óra)
éjjel	—	12 óra (24 óra)

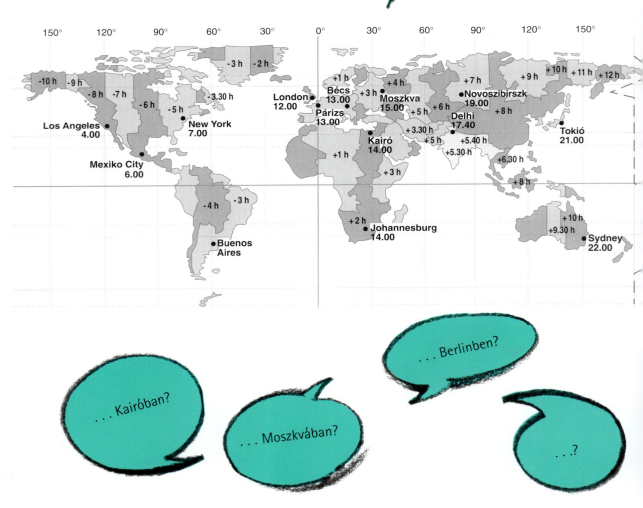

Egy nap

Molnár Csilla tanárnő. Iskolában dolgozik. Mit csinál egész nap?

felkel

reggelizik

dolgozni megy

dolgozik

ebédel

bevásárol

takarít

tanul

sétálni megy

főz

vacsorázik

tévét néz

olvas

alszik

Mikor?	Hány órakor? / Hánykor?
reggel	7 órakor/hétkor
délelőtt	fél tízkor
délben	tizenkettőkor
délután	négykor
este	negyed kilenckor
éjjel	háromnegyed tizenkettőkor

És te? / És ön?
Reggel nyolckor felkelek. . . .

Reggel fél hétkor felkel. Fél nyolckor . . .

3. lecke

 1 Hány órakor?

— Hány órakor kelsz fel?
— Reggel fél hétkor.
— És mikor ebédelsz?
— Délben egykor.
— És mit csinálsz este hétkor?
— Este hétkor tévét nézek.
— . . .

— Mit csináltok ma este?
— Sétálni megyünk.
— És szombaton?
— Szombaton takarítunk, főzünk és utána pihenünk.
— . . .

— Ön hány órakor megy dolgozni?
— Reggel negyed kilenckor.
— És mikor vacsorázik?
— Este fél hétkor.
— És mit csinál este fél tízkor?
— Olvasok vagy zenét hallgatok.
— . . .

én	tanul**ok**	ebédel**ek**	főz**ök**	megy**ek**	jöv**ök**
te	tanul**sz**	ebédel**sz**	főz**öl**	mé**sz**	jö**ssz**
ő/ön	tanul	ebédel	főz	megy	jön
mi	tanul**unk**	ebédel**ünk**	főz**ünk**	megy**ünk**	jöv**ünk**
ti	tanul**tok**	ebédel**tek**	főz**tök**	men**tek**	jött**ök**
ők/önök	tanul**nak**	ebédel**nek**	főz**nek**	men**nek**	jönne

D **A napok**

— Milyen nap van ma?
— Hétfő.
— És milyen nap lesz holnap?
— Holnap kedd lesz.
— És milyen nap volt tegnap?
— Tegnap vasárnap volt.
— . . .

JANUÁR

HÉTFŐ Pál **01.25**

KEDD Vanda, Paula **01.26**

01.27 SZERDA Angelika

01.28 CSÜTÖRTÖK Károly, Karola

PÉNTEK Adél **01.29**

SZOMBAT Martina, Gerda **01.30**

01.31 VASÁRNAP Marcella

tegnapelőtt	→ volt
tegnap	→ volt
ma	→ van
holnap	→ lesz
holnapután	→ lesz

1 Ki hol van?

— Hova mész kedden este?
— Kedden este moziba megyek.
— És szerdán délután mit csinálsz?
— Szerdán délután németórára megyek és
  utána egy koncertre.
— . . .

— Hol leszel csütörtökön?
— Csütörtök délelőtt a strandon leszek,
  délután pedig otthon.
— És vasárnap otthon leszel?
— Nem, vasárnap Egerben leszek.
— . . .

— Honnan jössz, otthonról?
— Nem, nem otthonról jövök, hanem
  a könyvtárból. És te?
— Én az egyetemről.

	HÉTFŐ	KEDD	SZERDA	CSÜTÖRTÖK	PÉNTEK	SZOMBAT	VASÁRNAP
	26	**27**	**28**	**29**	**30**	**31**	**1**
	Anna, Anikó	Olga, Liliána	Szabolcs	Márta, Flóra	Judit, Xénia	Oszkár	Boglárka
8	bevásárolni		levelet írni			bevásárolni	
9		strand	→ posta	strand			kirándulás
10	takarítani				tanulni		Egerbe
11			tanulni		1/2 2		
12					Kulacs étterem		
13				bevásárolni			
14		du. könyvtár	5-kor németóra	főzni	5-kor németóra		
15				6-kor			
16	1/2 9-kor	8-kor	7-kor	vendégek		7-kor	
17	tévé krimi!	Uránia mozi	koncert			színház	

30. HÉT   **JÚLIUS/AUGUSZTUS**   31/31 NAP

hétfő**n**
kedd**en**
szerdá**n**
csütörtök**ön**
péntek**en**
szombat**on**
vasárnap (!)

Hova mész ma délután?

Mozi**ba**. / Étterem**be**.
Strand**ra**. / Koncert**re**.
Haza.

Hol leszel ma este?

A könyvtár**ban**. / Az étterem**ben**.
A németórá**n**. / Az egyeteme**n**.
Otthon.

Honnan jössz?

Az iskolá**ból**. / Az étterem**ből**.
A strand**ról**. / A koncert**ről**.
Otthon**ról**.

3. lecke

2 Mit csinál egész héten?

Molnár Csilla tanárnő. Nyáron szünet van az iskolában, ezért nem dolgozik. Mit csinál egész héten (31. oldal!)? Hétfőn reggel bevásárolni megy. Utána . . .

És ön mit csinál egész héten? / És te mit csinálsz egész héten?

E **Hova megyünk ma este?**

— Hova megyünk ma este?
— Én moziba szeretnék menni.
— Melyik filmre?
— Egy új amerikai krimi megy a Corvin moziban.
— Hány órakor kezdődik?
— Este fél nyolckor.
— Jó, menjünk!

filmre
koncertre
előadásra

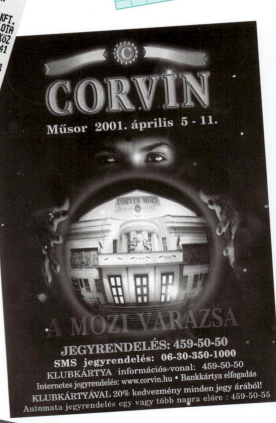

ISTITUTO ITALIANO DI CULTURA
OLASZ KULTÚRINTÉZET
1088 Budapest, Bródy S. u. 8. Tel.: 318-8144

Március 1., 19.30 óra:
Verdi-operagála
Verdi legnépszerűbb operáinak részletei
hangzanak el a
a MÁV Szimfonikus Zenekar és a Debreceni
Kodály Kórus előadásában
Vezényel: Gál Tamás
Karigazgató: Szabó Sipos Máté
Közreműködik: Kincses Veronika, Meláth Andrea,
Fekete Attila, Massányi Viktor és Rácz István

Állati Show
BOHÓCOK, ÁLLATOK, ATTRAKCIÓK
a FŐVÁROSI NAGYCIRKUSZBAN
2001. április 7-től augusztus 26-ig

A BUDAPEST RAGTIME BAND
a MERLIN SZÍNHÁZ
s z í n p a d á n
1052 Bp. Gerlóczy u. 4. Tel: 266-4632

2001. április 8. 19 óra

Belépőjegy: 900,- Ft

Kellemes kikapcsolódásra vágyik, felszabadultan, jól
akarja érezni magát?
Látogasson el a a Merlin Színházba! A népszerű
Budapest Ragtime Band gondoskodik a színvonalas
szórakoztatásról, az oldott, kellemes légkörű zenehall-
gatásról.
Az est során élvezheti a ritmikus ragtime és a dixieland
klasszikusait, zenei paródiákat, ismert operák és
klasszikus művek vidám feldolgozásait. A maga nemében
egyedülálló színpadi produkció lehetőséget nyújt az
együttes tagjai számára virtuóz hangszeres képességeik
bemutatására is.

CIB BANK
A Merlin Színházat
a CIB Bank Rt. támogatja.

MERLIN

MADÁCH SZÍNHÁZ
A MADÁCH SZÍNHÁZ
CAMERON MACKINTOSH-sal együttműködve
bemutatja: 1999 november 19-én és
1999 november 20-án, pénteken 19 órakor és
szombaton 19 órakor
Les Misérables
NYOMORULTAK

CINEMA CITY

CSEPEL PLAZA
Jegyrendelés: 425-8111
2001. március 29.-április 4.

ESZEVESZETT BIRODALOM
du. 1, h3, f5, este n7, 8, 10;
31-én, 1-jén de. n12 is.

MI KELL A NŐNEK?
du. n2, f4, h6, este 8, éjjel
n11; 31-én, 1-jén de. 11 is.

Tigris színre lép
31-én, 1-jén de. 11.

Csokoládé
du. 3, f6, este 8, éjjel f11;
31-én, 1-jén du. f1 is.

Sátánka
du. n3, n5, este n7, n9, éjjel
n11; 31-én, 1-jén du. n1 is.

Gladiátor
du. h6,
este h9.

102 kiskutya
du. h2, h4; 31-én, 1-jén de.
h12 is.

Hangyák a gatyában
du. 2, 4, 6; 31-én, 1-jén 12 is.

Apádra ütök
este 8, éjjel n11.

Irány Eldorádó
31-én, 1-jén de. 11.

Taxi 2.
du. n3, n5, este n7, n9,
éjjel n11.

MAGYAR NEMZETI
MUZEUM
1088 BUDAPEST
MUZEUM KRT. 14-16.
ADOSZ.:15321226-2-42

06-04-01 8A201919

1X   600 â
FELNÖTT   F600 A
ÖSSZEG   F600

TET: 1
1PT   0295 09:37h
LEGAL UEZENET
132000927

MAGYAR ÁLLAMI OPERAHÁZ
(VI., Andrássy út 22. Tel.: 353-0170. Info line: 06-60-594-594
www. opera.hu. Jegypénztár: hétfőn 13-17 óráig, a többi napo-
kon 11 órától. Jegyár: alaphelyár 200-4700 forintig.)
Csütörtökön, 1-jén (Házy-bérlet 3. előadás), du. 6-kor,
vége kb. 10-kor.
MUSZORGSZKIJ:
BORISZ GODUNOV – Zenedráma négy felvonásban, elő-
játékkal
Szünet az első és harmadik felvonás után
R.: Szinetár Miklós. V.: Kovács János.

BUDAPESTI
Operett SZÍNHÁZ

KÁLMÁN IMRE:
Csárdáskirálynő
operett három felvonásban, két részben

STÚDIÓSZÍNPAD • STÚDIÓSZÍNPAD • STÚDIÓSZÍNPAD

Georg Büchner
Leonce és Léna
vígjáték két részben

1 Mikor találkozunk?

— Szia, Györgyi! Elmegyünk ma este vacsorázni?
— Jó, és hova megyünk? A Szeged étterembe?
— Ne, menjünk inkább a Kulacsba.
— Jó. Hánykor találkozunk?
— Este fél hétkor a Blaha Lujza téren.
— Rendben van. Akkor fél hétkor. Szia!
— Szia!

— Szervusz, Judit!
— Szervusz, János!
— Elmegyünk ma este vacsorázni?
— Sajnos, ma este nem érek rá.
— Nem érsz rá? Miért? Mit csinálsz ma este?
— Vendégek jönnek.
— Kár! És holnap este? Holnap este is vendégek jönnek?
— Nem, de holnap este dolgozom.
— És szombaton este ráérsz?
— Igen, szombaton ráérek. Hova megyünk?
— A Sirály étterembe?
— Jó. Hánykor és hol találkozunk?
— Este hétkor a Deák téren.
— Rendben van. Szia!
— Szia!

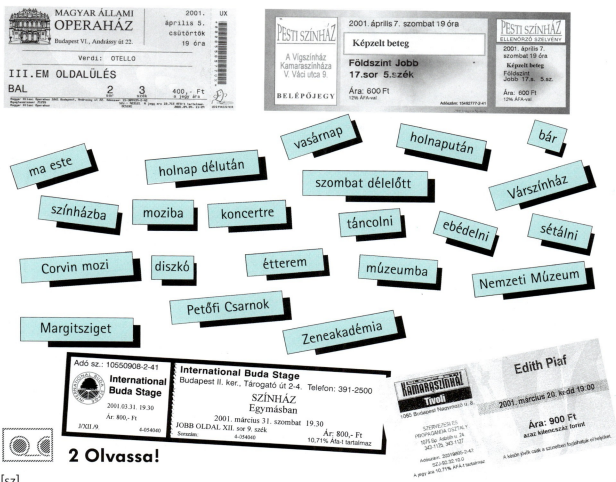

2 Olvassa!

[sz]
Köszönöm szépen. / szerda / szombat / éjszaka / köszönöm / alszik / alszom / eszik / iszik / játszik / tanulsz / írsz

[z]
néz / főz / nézel / főzöl / dolgozik / dolgozol / közért / színház / mozi

[sz] – [z]
Székely Zoltán zenét hallgat. / Szombaton Szolnokon dolgozom. / A színházban találkozunk.

[KK*]
hallgatok — hallgattok / délelőtt tizenkettőkor / étterem / reggel / kedden / jönnek / mennek / Csilla / Anna / Ottó

* KK = Doppelmitlaut (-konsonant)

4 Bevásárlás

A

A közértben

só

vaj

kenyér

tej

cukor

zsemle

kifli

kávé

kakaó

liszt

Élelmiszerek

margarin

TEA

gyümölcslé

üdítőital

ásványvíz

sajt

felvágott

kolbász

BOR

szalámi

sör

virsli

tojás

1 Mennyibe kerül . . .?

— Egy kiló kenyeret kérek. Ez a kenyér
  mennyibe kerül?
— 42 forintba.
— Mennyibe kerül az ementáli sajt?
— Tíz deka 38 forint.
— Akkor kérek belőle 25 dekát.
— Még valamit?
— Még tizenöt deka szalámit kérek.
— Tessék parancsolni.
— Köszönöm.

vaj	10 dkg	99 Ft
zsemle	1 db	9 Ft
tej	1 l	78 Ft
kávé	50 dkg	560 Ft
sör	1 ü.	115 Ft
szalámi	1 rúd	898 Ft
cigaretta	1 cs.	299 Ft

1 kg	=	1 kiló
1 kg	=	10 deka
10 dkg	=	50 deka/fél kiló
50 dkg	=	1 darab
1 db	=	1 üveg
1 ü.	=	1 liter
1 l	=	1 csomag
1 cs.	=	forint
Ft		

VÁSÁR!
10 – 50 %-os
árengedményes élelmiszertermékek akciója az Élelmiszer Adatbank KFT-nél.
IX. ker., Nagyvásártelep

Savanyúságok			Édességek			Tészták		
Ecetes almapaprika 400 g	168 Ft		Nyalóka Melody Sip	70 Ft		Házi tészta 8 tojásos 0,25 kg	90 Ft	
Rétegelt mester saláta 370 ml	52 Ft		NSZK Puding, csokis /3db-os/	150 Ft		**Sörök**		
Vöröskáposzta 500 g	70 Ft		Vödrös rágógumi	890 Ft		Dab 0,33	120 Ft	
Konzervipari termékek			**Nehézáruk, termékek,**			Gösser 0,33 dob.	112 Ft	
Ananász „DOLE"	218 Ft		**fűszerek**			Primator 0,5 l	56 Ft	
Vegyesbefőtt 500 g	130 Ft		Cukor 1 kg-os	99 Ft		**Égetett szeszesitalok**		
Lecsó 860 g	175 Ft		Rizs lédig /50 kg-os/	98 Ft		Barackpálinka 0,2 l	290 Ft	
Sűrített paradicsom 900 g	250 Ft		Só, asztali	40 Ft		Cseresznyepálinka 0,5 l	620 Ft	
Zöldbab 500 g	99 Ft		Sárgaborsó	82 Ft		Skót whisky	3200 Ft	
Salátaöntet, magyaros	90 Ft		**Szénsavmentes üdítők**			**Borok, pezsgők**		
Pikniksonka	580 Ft		Békéscsabai limonádé 0,25	49 Ft		Csemege vörösbor 0,7 l	385 Ft	
Szörpök			DEKŐ narancslé 1 l	122 Ft		Kadarka 1 l	219 Ft	
Piroska 0,7 l	199 Ft		DEKŐ sárgabarack 0,25	48 Ft		Soltvadkerti Muskotály 0,7 l	199 Ft	
Meggy 2 kg-os, kannás	499 Ft		Gold Star különféle íz 1 l	160 Ft		**Vegyi áruk**		
Halak			**Szénsavas üdítőitalok**			Panatta sportkrém 60 ml	88 Ft	
Rákkonzerv 250 g	50 Ft		Panda üdítők 0,33 dob.	199 Ft		Salamos légfrissítő	236 Ft	
Osztrák kaviár 50 g	180 Ft		Queen cola, kiwi 1,5 l	125 Ft		Papírzsebkendő 10 db-os	200 Ft	

A fent felsorolt termékeken kívül még bővebb árukészlettel állunk szíves rendelkezésükre. Áraink az ÁFÁ-t magukba foglalják.
Élelmiszert házhoz szállítunk 8000 Ft felett történő vásárlás esetén Budapestre, szállítási díj 500 Ft.
Lakossági vevőink részére hétköznap 14-18 óráig, szombat-vasárnap 8-14 óráig tart nyitva raktárházunk,
Budapest IX. ker., Nagyvásártelep, nagykereskedelmi raktár.
Rendeléseiket várjuk a 133-3380/125, 126, 165, 168, 268, a 113-8438 telefonon, a 113-6331 sz. faxon,
valamint a 1095 Budapest, Nagyvásártelep levélcímen.

Svájcban?

frankba

euróba

— Mennyibe kerül Németországban egy liter tej?
— Körülbelül 1 euróba.

...

Ausztriában?

4. lecke

2 Ki mit vesz a közértben?

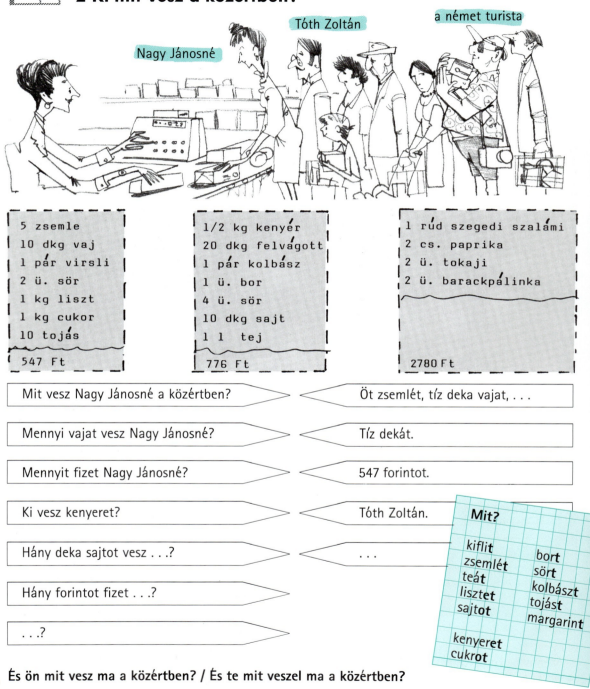

Nagy Jánosné — Tóth Zoltán — a német turista

```
5 zsemle
10 dkg vaj
1 pár virsli
2 ü. sör
1 kg liszt
1 kg cukor
10 tojás

547 Ft
```

```
1/2 kg kenyér
20 dkg felvágott
1 pár kolbász
1 ü. bor
4 ü. sör
10 dkg sajt
1 l tej

776 Ft
```

```
1 rúd szegedi szalámi
2 cs. paprika
2 ü. tokaji
2 ü. barackpálinka



2780 Ft
```

Mit vesz Nagy Jánosné a közértben?	Öt zsemlét, tíz deka vajat, . . .
Mennyi vajat vesz Nagy Jánosné?	Tíz dekát.
Mennyit fizet Nagy Jánosné?	547 forintot.
Ki vesz kenyeret?	Tóth Zoltán.
Hány deka sajtot vesz . . .?	. . .
Hány forintot fizet . . .?	
. . .?	

Mit?

kiflit
zsemlét   bort
teát   sört
lisztet   kolbászt
sajtot   tojást
                 margarint

kenyeret
cukrot

És ön mit vesz ma a közértben? / És te mit veszel ma a közértben?

B

 ## Ki megy ma vásárolni?

— Gyerekek, ki megy ma vásárolni?
— Én. Mit kell hozni a közértből?
— Tíz tojást, egy kiló kenyeret és 25 deka sajtot. Tessék, itt van a pénz és a szatyor.
— Tejet nem kell hozni?

— De igen, egy litert.
— Anyu, nem baj, ha veszek csokoládét is?
— Jó, de csak ebéd után szabad megenni. Rendben van?
— Igen. Szia, anyu! Sietek vissza.

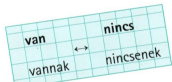

van		nincs
	↔	
vannak		nincsenek

— Drágám, van itthon sör?
— Nincs.
— De egy üveg bor biztos van itthon.
— Nincs.
— A hűtőszekrényben van még talán egy üveg kóla.
— Az sincs.
— De legalább egy korty ásványvíz csak van itthon?
— Nincs.
— Na jó, akkor lemegyek vásárolni.
— Hála istennek!

Mit kell bevásárolni?
Mit kell hozni a közértből?

Nincs itthon kenyér, tej, . . .
Kenyeret, tejet, . . .

4. lecke

1 Mit kell hozni . . .?

C A piacon

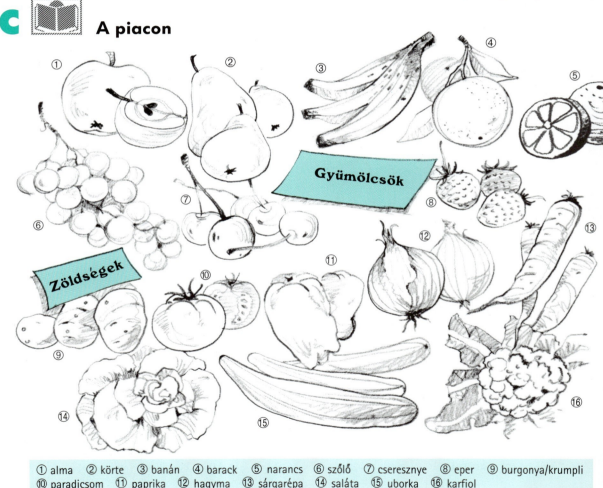

① alma ② körte ③ banán ④ barack ⑤ narancs ⑥ szőlő ⑦ cseresznye ⑧ eper ⑨ burgonya/krumpli
⑩ paradicsom ⑪ paprika ⑫ hagyma ⑬ sárgarépa ⑭ saláta ⑮ uborka ⑯ karfiol

— Mit tetszik kérni?
— Egy kiló krumplit, fél kiló
  paradicsomot és egy karfiolt kérek.
— Egy kicsit több a krumpli,
  nem baj?
— Nem.
— Melyik karfiolt kéri? Ezt?
— Nem, inkább a másikat.
— Egy kiló tíz deka. Megfelel?
— Igen, jó lesz.
— Tessék. 97 forint 80 fillér.
— Tessék.
— Köszönöm.

kér II.	
én	kérem
te	kéred
ő/ön	kéri
mi	kérjük
ti	kéritek
ők/önök	kérik

— Mennyibe kerül a cseresznye?
— 54 forint kilója. Nagyon finom, tessék
  megkóstolni!
— Egy fél kilót kérek.
— Tessék. 27 forint.

— Hogy az alma kilója?
— Ez 33 forint, a másik 48.
— Akkor a 33 forintosból kérek egy kilót,
  a másikból csak egy fél kilót.
— Még valamit?
— Nem, köszönöm, mást nem kérek.

Melyik almát kéri?	Ezt az almát kérem.
Melyik kenyeret kéred?	Azt a kenyeret kérem.

4. lecke

1 Mit tetszik kérni?

1 kg krumpli
2 kg alma
½ kg paradicsom
1 uborka
½ kg szőlő
1 kg barack

1 kg hagyma
½ kg paprika
1 karfiol
1 saláta
1 kg körte
2 banán

1 kg sárgarépa
½ kg paradicsom
1 kg narancs
1 kg alma

2 Mit (nem) szeret?

— István, szereted a barackot?
— Igen, szeretem.
— Melyik barackot kéred?
— Azt a barackot kérem.

— Szeretitek a tokajit?
— Igen, nagyon szeretjük.

— Melyik sajtot kéred?
— Ezt a sajtot kérem.
— Szereted a szalámit?
— Nem, vegetáriánus vagyok.

 alma

 zsemle

 barack

 tokaji

 szalámi

 bor

sör

 csokoládé

paradicsom

 karfiol

 sajt

kolbász

Az újságárusnál

— Egy Esti Hírlapot és egy Pesti Műsort kérek.
— Pesti Műsor már nincs, elfogyott.
— Akkor csak egy Estit kérek.

— Mennyibe kerül a Mai Nap?
— 14 forint 20 fillérbe.

— Te melyik újságot olvasod?
— Az Esti Hírlapot és a 168 órát. És te?
— Én a Magyar Nemzetet és a Mai Napot.

olvas II.	
én	olvas**om**
te	olvas**od**
ő/ön	olvas**sa**
mi	olvas**suk**
ti	olvas**sátok**
ők/önök	olvas**sák**

És ön melyik újságot olvassa? / És te melyik újságot olvasod?

4. lecke

 1 Olvassa!

[a] – [á]

szalámi / tea – teát / paprika – paprikát / deka – dekát / talán / legalább / saláta / sárgarépa / banán

[e] – [é]

Kérek még cseresznyét. / Kérem ezt a zsemlét. / kenyér / zsemle – zsemlét / tessék / szekrény / meg – még / kérek / kérem

[cs] – [s]

Sárgarépa sincs. / Csak sajt van. / Sajnos nincs narancs. / gyümölcs / gyümölcslé / cseresznye / csomag / Nincs paradicsom.

[c] – [sz]

A polcon van nyolc barack. / cukor / cigaretta / barack / liszt / szalámi / szabad

 2 Magyar népdal

HULL A SZILVA A FÁRÓL

Csíksomlyó, D.P.P.

Tempo giusto, ♩ = 116

1. Hull a szil- va a fá- ról,
Most jö- vök a ta- nyá- ról. Ej! haj!
ru- ca, ru- ca, Ku- ko- ri- ca der- ce.

2. Egyik ága lehajlott,
Az én rózsám elhagyott
Ej! haj, ruca, ruca,
Kukorica derce.

3. Kis kalapom fekete,
Páva tolla van benne.
Ej! haj, ruca, ruca,
Kukorica derce.

5 Jó étvágyat!

Ki mit eszik?

–val / –vel	
Kivel?	**Mivel?**
Kati**val**	kifli**vel**
Zsuzsá**val**	salátá**val**
Endré**vel**	zsemlé**vel**
Judit**tal**	cukor**ral**
Péter**rel**	tej**jel**

A

REGGELI

Kati reggel fél nyolckor reggelizik.
Vajas kenyeret, lágy tojást és sajtot eszik
reggelire és teát iszik hozzá cukorral és
citrommal.

TÍZÓRAI

Tíz órakor Kati az egyetemen tízóraizik
Péterrel. Egy sonkás szendvicset esznek és
egy kávét isznak a büfében.

EBÉD

Kati a menzán ebédel, fél kettőkor vagy
kettőkor. Ma zöldségleves és főzelék az ebéd
sült hússal. Utána még eszik egy almát.

UZSONNA

Kati nem uzsonnázik. Néha iszik délután egy
kólát vagy egy kávét.

VACSORA

Kati este otthon vacsorázik. Általában hideget
eszik: egy-két szendvicset vagy joghurtot, de
ma meleget eszik. Ma este vendégek jönnek és
ezért Kati meleg vacsorát főz.

–s / –as / –os / –es / –ös	
sonka	→ sonká**s** zsemle
vaj	→ vaj**as** kenyér
sajt	→ sajt**os** szendvics
tej	→ tej**es** tea
gyümölcs	→ gyümölcs**ös** sütemény

**Ön mit eszik / te mit eszel reggelire
(ebédre / vacsorára)?**

Árlap

Szendvicsek		Tejtermékek	
Sonkás szendvics	98,–	Joghurt	35,–
Sajtos szendvics	85,–	Kefir	35,–
Szalámis zsemle	89,–	Gyümölcsjoghurt	41,–
Körözöttes zsemle	64,–		
		Meleg italok	
Szelet kenyér	12,–	Presszó kávé	54,–
Adag vaj	9,–	Tejeskávé (2 dl)	65,–
dzsem	19,–	Tej (2 dl)	32,–
méz	19,–	Kakaó (2 dl)	70,–
Kemény v. lágy tojás	20,–	Tea	47,–
Meleg ételek		**Üdítőitalok**	
Tojásrántotta	68,–	Ásványvíz	49,–
Sonka tükörtojással	122,–	Narancslé	62,–
Főtt virsli mustárral	140,–	Szőlőlé	69,–
		Kóla	65,–
Saláták			
Franciasaláta	119,–		
Majonézes burgonyasaláta	119,–		
Vegyes saláta	148,–		

Éhes vagyok. Nem eszünk valamit a büfében?

Iszunk egy kávét a büfében?

Ön mit eszik reggelire?

Mit kérsz reggelire?

Szereted a franciasalátát?

...?

KÁRPÁTIA
étterem

I. OSZTÁLYÚ ÉTTEREM

ÉTLAP

LEVESEK

Húsleves daragaluskával	500,–
Zöldségkrémleves	500,–
Hideg gyümölcsleves	800,–
Gulyásleves csészében	800,–

HIDEG ÉS MELEG ELŐÉTELEK

Hideg libamáj zsírjában, pirítóssal	3000,–
Kaviár vajjal és citrommal	2200,–
Fogaskoktél	1200,–
Hortobágyi palacsinta	850,–
Gombafejek rántva, tartármártással	1500,–

HALÉTELEK

Pisztráng roston	/dkg	150,–
vajas petrezselymes burgonyával		
Fogasszeletek keszthelyi módra		3700,–

KÉSZÉTELEK

Paprikás csirke galuskával	2400,–
Marhapörkölt tarhonyával	2100,–
Borjúpaprikás galuskával	2700,–

FRISSENSÜLTEK

Libamájszeletek rántva	4300,–
Sonkával, sajttal töltött pulykamell rántva, gombás rizzsel	2400,–
Pulykamell roston, zöldkörettel	2000,–
Borjújava Holstein módra	2500,–
Borjúszeletek jóasszony módra	3400,–
Szűzérmék kreol módra	3200,–
Sertésbordák Budapest módra	2900,–

KÖRETEK – SALÁTÁK

Vajas karotta	400,–
Vajas kelbimbó	400,–
Vajas kukorica	400,–
Fejes saláta	590,–
Káposztasaláta	300,–
Paradicsomsaláta	600,–

HÁZI TÉSZTÁK – ÉDESSÉGEK

Tepertős, túrós csusza	800,–
Túrós rétes	600,–
Almás rétes	600,–
Meggyes rétes	700,–
Gundel palacsinta	1000,–
Gyümölcssaláta	500,–
Somlói galuska	900,–

Jó étvágyat kívánunk!

www.karpatia.hu

5. lecke

— Jó napok kívánok.
Tessék helyet foglalni!
— Köszönjük.
— Mit parancsolnak?
— Vacsorázni szeretnénk.
Az étlapot kérjük.
— Tessék.

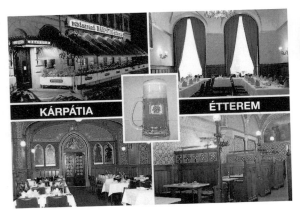

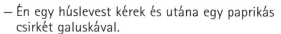

KÁRPÁTIA   ÉTTEREM

pulykamell roston, egy paradicsomsaláta és
egy fejes saláta. Milyen italt parancsolnak?
— Egy üveg fehér bort és egy ásványvizet.
Milyen bort tud ajánlani?
— Badacsonyi szürkebarátot, rizlinget vagy to-
kajit.
— Akkor egy üveg tokajit kérünk.

— Én egy húslevest kérek és utána egy paprikás
csirkét galuskával.
— Én nem eszem levest, csak egy pulykamellet
roston, zöldkörettel.
— Kérnek salátát is?
— Igen, persze. Én egy paradicsomsalátát kérek.
És te?
— Én inkább fejes salátát.
— Tehát egy húsleves, egy paprikás csirke, egy

— Legyen szíves! Fizetni szeretnénk.
— Igen. Máris jövök. Együtt vagy külön fi-
zetnek?
— Együtt.
— . . . Az összesen 1510 forint.
— 1600-ból legyen szíves visszaadni.
— Köszönöm szépen. Viszontlátásra.
— Viszontlátásra.

5. lecke

1 Ízlik?

— Ízlik a palacsinta?
— Igen, nagyon finom.
— És hogy ízlik a bor?
— A bor nem ízlik. Túl édes. Nem
  szeretem az édes borokat.

száraz

meleg

túl zsíros

kemény

hideg

túl sós

nem friss

2 Vendégségben

— Kérsz még egy kis pörköltet, Stefan?
— Igen, köszönöm, de csak egy kicsit.
— És te, Barbara?
— Nem, köszönöm szépen. Én már jóllaktam.
  Nagyon finom volt.

— Tölthetek még egy kis bort?
— Igen, köszönöm. Nagyon szeretem a magyar
  borokat.
— Én inkább ásványvizet kérek.

sütemény

saláta

krumpli

...

rizs

hús

fagylalt

5. lecke

3 Kérsz . . .?

— Szia, Anna!
— Szia, Zsuzsa! Kérsz kávét?
— Igen, köszönöm.
— Cukorral vagy cukor nélkül iszod a kávét?
— Cukorral és tejjel.
— Tessék.
— Köszönöm.
— Kérsz egy kis süteményt?
— Nem, köszönöm, nem vagyok éhes.

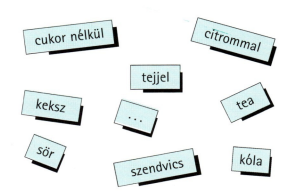

C **Mit főzünk? — Receptek**

Töltött paprika
(4 személy részére)

Hozzávalók: 9 szép zöldpaprika, 1 liter paradicsomlé, 35 dkg darált sertéshús, 7 dkg rizs, 1 tojás, 2 evőkanál olaj, 1 evőkanál liszt, só, bors

A húst a rizzsel, a tojással, sóval és borssal összegyúrjuk. A paprikát megtisztítjuk és kivájjuk, majd megtöltjük a hússal. A paprikákat a forró paradicsomlébe tesszük, és kevés sóval és cukorral 30 percig főzzük. Az olajból meg a lisztből világos rántást készítünk, és hozzáadjuk a paradicsomléhez. Utána még az egészet 3-4 percig főzzük. Főtt burgonyával tálaljuk.

Palacsinta

Jó étvágyat!

Hozzávalók: 20 dkg finomliszt, 3 dl tej, 2 dl szódavíz, 2 egész tojás, egy csipetnyi só, 1/2 dl étolaj

A hozzávalókat habverővel szép simára keverjük és 1-2 óráig állni hagyjuk. Kiolajozott palacsintasütőben vagy teflon serpenyőben vékony palacsintákat sütünk, majd ízlés szerint megtöltjük lekvárral, kakaóval, túróval, dióval, stb.

 1 Olvassa!

[ó]
tízórai / kakaó / túró / kóla / presszó / kelbimbó / sós / jóllaktam / dió / hozzávalók
[ő]
főz / főzelék / főtt / szőlő / előétel / üdítőital / evőkanál / habverő / serpenyő
[ss]
hússal / tojással / levessel / mártással / rétessel / tessék / édesség
[zz]
vízzel / mézzel / majonézzel / főzzük / nézzük / hozzávalók

[ssz]
kolbásszal / keksszel / összesen / visszaad / össze / tesszük
[ccs]
gyümölccsel / szendviccsel / naranccsal
[zzs]
rizzsel / Párizzsal

 2 Nyelvtörő

Mit sütsz, kis szűcs? Tán sós húst sütsz, kis szűcs?

6 A városban

A   Hol van a posta?

— Hol van a posta?
— Itt jobbra, a pályaudvar mellett.

— Elnézést, merre van a pályaudvar?
— Itt egyenesen kell menni a második keresztutcáig és utána jobbra.
— Köszönöm.

— Elnézést, meg tudja mondani, hol van itt egy telefonfülke?
— Igen, a következő sarkon, a közért előtt.

— Bocsánat, nem tudja véletlenül, hol van egy jó étterem a közelben?
— Nem, sajnos nem tudom.

— Tessék mondani, van itt a közelben egy gyógyszertár?
— Igen, a második keresztutcában balra van egy, nem messze a postától.
— Köszönöm.

. . . -val/-vel szemben

között

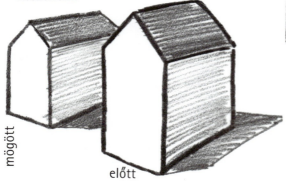

mögött

előtt

mellett

nem messze a . . .-tól/-től

Elnézést, meg tudja mondani, hol van a posta?	Itt jobbra.
Bocsánat, nem tudja véletlenül, hol van egy telefonfülke?	A következő keresztutcában.
Tessék mondani, hol van egy étterem?	A pályaudvarral szemben.

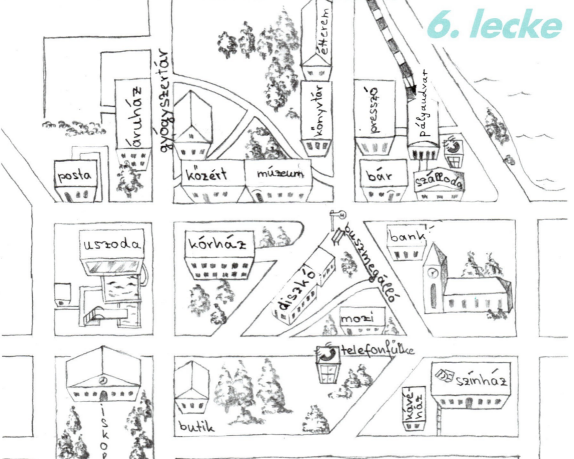

 ## Közlekedés a városban

Közlekedési eszközök

 HÉV

 taxi

 villamos

 trolibusz

 autóbusz/busz

 metró/földalatti

 bicikli/kerékpár

 gyalog

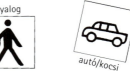 autó/kocsi

Mivel mész dolgozni?	Kocsi**val**.
az egyetemre?	Bicikli**vel**.
a nyelviskolába?	Metró**val**.
bevásárolni?	Gyalog.

6. lecke

— Elnézést, meg tudja mondani, hol kell leszállni a Nyugati pályaudvarhoz?
— Igen, a következő megállónál.

Hova?	-hoz/ -hez/ -höz
Hol?	-nál/ -nél
Honnan?	-tól/ -től

— Meg tudja mondani, hány megállót kell még menni a Kálvin térig?
— Kettőt.
— Ott át lehet szállni a metróra?
— Igen.
— Köszönöm.

7	4	1
8	5	2
9	6	3

VONALJEGY
SINGLE TICKET
EINZELFAHRSCHEIN
РАЗОВЫЙ БИЛЕТ
005   **100 Ft**   3
60392

---

felszállni az autóbusz**ra**
a villamos**ra**

beszállni a kocsi**ba**
a metró**ba**

leszállni az autóbusz**ról**
a villamos**ról**

kiszállni a kocsi**ból**
a metró**ból**

C Hogy jutok el oda?

— Tessék mondani, hol van a Nemzeti Múzeum?
— A Múzeum körúton, a Kálvin térnél.
— És hogy jutok el oda?
— A 3-as metróval tessék menni a Kálvin térig.
— Köszönöm.

— Elnézést, meg tudja mondani, hol van a Skála Metró Áruház?
— Igen, a Nyugati téren, a pályaudvarral szemben.
— És hogy jutok el oda?
— A 4-es vagy a 6-os villamossal kell menni három megállót.
— Köszönöm szépen.

– Bocsánat, nem tudod véletlenül, hogy kell menni a Petőfi Csarnokhoz?
– De igen. A földalattival és utána gyalog vagy trolival.
– Hányas troli jár ott?
– A 70-es.
– Köszi.

– Elnézést, meg tudja mondani, hol lehet villamosjegyet kapni?
– A metróállomásokon, a pénztárnál vagy az automatánál.
– Köszönöm.

Hányas?

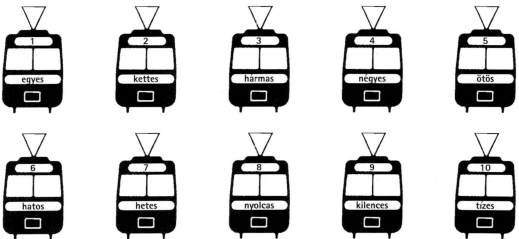

1 egyes	2 kettes	3 hármas	4 négyes	5 ötös
6 hatos	7 hetes	8 nyolcas	9 kilences	10 tízes

20 huszas **21** huszonegyes **22** huszonkettes ... **30** harmincas ... **100** százas

6. lecke

Hányas busszal kell menni a Deák térre?

Melyik villamossal kell menni a Nyugati pályaudvarhoz?

Hány megállót kell menni a Kálvin térig?

A négyessel.

A négyes vagy a hatos villamossal.

Kettőt.

1 Hányas busszal/villamossal kell menni . . .?

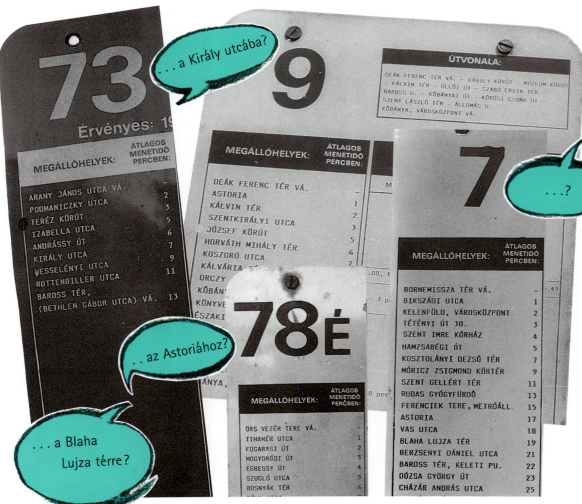

6. lecke

2 Hogy kell menni a . . . ?

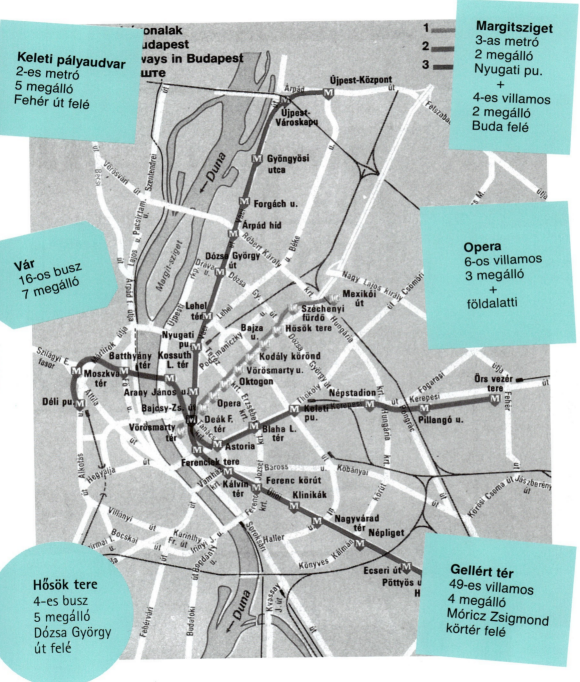

Keleti pályaudvar
2-es metró
5 megálló
Fehér út felé

Margitsziget
3-as metró
2 megálló
Nyugati pu.
+
4-es villamos
2 megálló
Buda felé

Vár
16-os busz
7 megálló

Opera
6-os villamos
3 megálló
+
földalatti

Hősök tere
4-es busz
5 megálló
Dózsa György
út felé

Gellért tér
49-es villamos
4 megálló
Móricz Zsigmond
körtér felé

6. lecke

3 Hol van . . .? Hogy jutok el oda?

— Hol van a **Mátyás-templom**?
— A Szentháromság téren.
— És hogy jutok el oda?
— A 16-os busszal kell menni 5 megállót.

Nyugati pályaudvar
Nyugati tér
3-as metró
4-es/6-os villamos

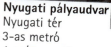 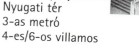

Nemzeti Múzeum
Múzeum körút
3-as metró

Operaház
Andrássy út
földalatti
4-es busz

Thermal Szálló
Margitsziget
26-os busz

Parlament
Kossuth tér
2-es metró
2-es villamos

4 A mozgó járda

(Gianni Rodari meséje nyomán)

A mozgó járda olyan, mint a mozgólépcső,
csak nem lépcső, hanem járda és körbejár az
egész városban.
Lassan halad, az utasok közben fel- és
5 leszállnak, nézegetik a kirakatokat és a többi
járókelőt.
A mozgó járdán padok is vannak azok számára,
akik ülve szeretnek utazni, mint például az
idős emberek.
10 Kényelmesen és kellemesen lehet utazni a
mozgó járdán. Van, aki újságot olvas; van, aki
beszélget, mások fagylaltot esznek vagy
szundikálnak egy kicsit.
Amióta van mozgó járda, nincs is szükség
15 villamosokra, trolibuszokra, autóbuszokra és
autókra. Mindenki a mozgó járdán utazik.
A csendes utcákon gyerekek labdáznak, és ha
egy rendőr el akarja venni tőlük a labdát,
akkor büntetést fizet.

 5 Olvassa!

[p]
posta / park / pályaudvar / piac / palacsinta /
pad / Péter / Pál
[t]
telefon / taxi / tér / tessék / talán / tudja /
Tünde / Tamás
[k]
közért / kocsi / között / kávéház / következő /
kettes / körút

[tt]
mellett / mögött / között / előtt / étterem /
kettes / földalatti
[ll]
A következő megállónál kell leszállni. / mellett /
leszáll / felszáll / megálló / kell / villamos /
szálló / kellemes

7 A mi családunk

A Esküvőn

— Jó napot kívánok!
— Jó napot!
— Bemutatom a feleségem.
— Kezét csókolom! Molnár Péter vagyok.

feleségem	férjem
édesanyám	édesapám
lányom	fiam
barátnőm	barátom
kolléganőm	kollégám

— Szia, Feri!
— Sziasztok!
— Ez itt a barátom, Péter.
— Szia! Kovács Ferenc vagyok.
— Székely Péter.

Éva néni
Károly bácsi

— Szervusz, Mária!
— Szervusz, János! Bemutatom a kolléganőmet.
— Fekete Zsuzsanna vagyok.
— Engem Magyar Jánosnak hívnak.

— Csókolom, Éva néni! Hogy tetszik lenni?
— Szervusz, Anna. Köszönöm, jól vagyok.
— Bemutatom a barátnőmet.
— Csókolom. Szabó Juditnak hívnak.

Családfa

a nagyszüleim

a nagyapám
Juhász Sándor

a nagymamám
Juhász Sándorné

a nagyapám
Varga István

a nagymamám
Varga Istvánné

az édesanyám
Vargáné Juhász Éva

a szüleim

az édesapám
Varga László

a nagynéném
Juhász Piroska

a nagybátyám
Varga Mihály

a testvéreim

a nővérem
Varga Veronika

a férjem
Kis György

én
Varga Zsuzsanna

a húgom
Varga Mónika

a gyerekeim

a bátyám
Varga Péter

az öcsém
Varga Zsolt

a fiam
Kis Csongor

a lányom
Kis Zsófia

az unokám

. . .

Ki ez?
És kik ezek?

Ez Zsuzsa férje, György.
Ezek Zsuzsa szülei, Éva és László.

7. lecke

1 Ki ez?

— Zsuzsa, hogy hívják a lányodat?
— Zsófiának.
— És a fiadat?
— Őt Csongornak hívják.
— Szép név.

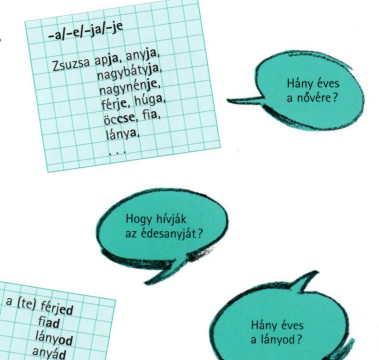

–a/–e/–ja/–je

Zsuzsa ap**ja**, any**ja**,
nagybáty**ja**,
nagynén**je**,
fér**je**, húg**a**,
öc**cse**, fi**a**,
lány**a**,
. . .

Hány éves
a nővére?

Hogy hívják
az öcsédet?

Hogy hívják
az édesanyját?

a (te) férj<u>ed</u>
fi<u>ad</u>
lány<u>od</u>
any<u>ád</u>
. . .

Hány éves
a lányod?

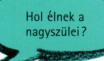

Hol laknak
a szüleid?

. . . ?

Hol élnek a
nagyszülei?

És az ön családja? / És a te családod?

— Zsuzsa, neked vannak testvéreid?
— Igen, méghozzá négy. Van egy nővérem, egy húgom, egy bátyám és egy öcsém. Nézd csak, ezek itt a testvéreim. És neked hány testvéred van?
— Nekem csak egy nővérem van. Petrának hívják. És ki ez itt a képen?
— Ez a kisfiam, Csongor. Három éves.

— Nektek már van gyereketek? Nem is tudtam.
— Igen, két gyerekünk van. A kislányunk, Zsófi öt éves, a kisfiunk, Csongor pedig három.
— És hol vannak most a gyerekek?
— Most a szüleimnél vannak, Szegeden.
— És ez ki?
— . . .

nekem	van
neked	vannak
neki	
nekünk	nincs . . . (+ Besitzerzeichen)
nektek	nincsenek
nekik	
Juditnak	
Péternek	

Önnek vannak gyerekei?	Igen, kettő. Egy fiam és egy lányom.
Neked vannak gyerekeid?	Nem, még nincsenek.
Önnek vannak unokái?	Igen, öt unokám van.
Neked vannak testvéreid?	Nem, nincsenek.

És önnek? / És neked?

Neked új tévéd van.
Neki nagy háza van.
Nektek külföldi kocsitok van.
Nekik új lakásuk van.
Neked sok pénzed van.
Neki szép villája van.
És nekem?
Nekem ebből az egészből elegem van.

7. lecke

  Az én családom

Jó napot kívánok, vagy sziasztok, ahogy tetszik. Bemutatom a családomat. Engem Szabó Tamásnak hívnak. 22 éves vagyok és a Műszaki Egyetemen tanulok. Mérnök szeretnék lenni.

Ez itt az édesanyám. 49 éves, tanárnő. Angolt és németet tanít egy gimnáziumban, de jól beszél franciául is.

Édesapám 54 éves. Őt is Szabó Tamásnak hívják, mint engem. Építészmérnökként dolgozik egy vállalatnál.

Van két testvérem is: egy húgom és egy bátyám. A húgom 18 éves, Csillának hívják. Csilla még gimnáziumba jár, (vagyis gimibe, ahogy a diákok mondják), sokat sportol, mert tornatanárnő szeretne lenni.

A bátyámat Attilának hívják, 28 éves, nős. Attila fogorvos, jól keres. A felesége, az én sógornőm idegenvezető. Andreának hívják. Ő is jól beszél angolul és németül, mint az édesanyám. Andrea 27 éves.
Van egy kétéves kisfiuk is, ő az én unokaöcsém. Ez itt Peti. Ő a család kedvence. Aranyos, ugye?

Az egyik nagymamám egyedül él, mert a férje már meghalt. Ő a budapesti nagymamám, aki most lesz 75 éves. Ő csinálja a világ legfinomabb somlói galuskáját.

Édesapám szülei nem pestiek, hanem Kecskeméten laknak. Ők már nyugdíjasok, már nem dolgoznak. Nagyapám 78 éves, nagymama pedig 73.
A Balatonnál, Balatonfüreden van egy nyaralónk, így nyáron néhány hétre mindig együtt van az egész család.

 1 Tamás családja

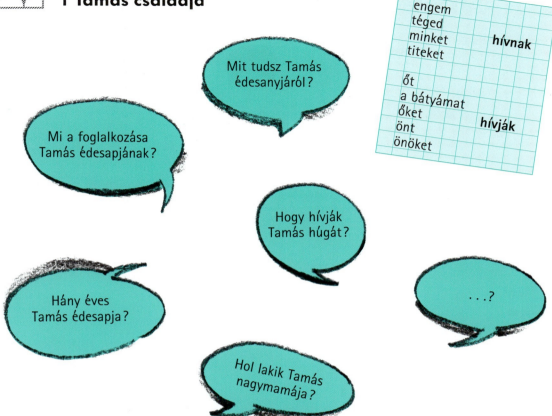

Mit tudsz Tamás édesanyjáról?

Mi a foglalkozása Tamás édesapjának?

Hogy hívják Tamás húgát?

Hány éves Tamás édesapja?

...?

Hol lakik Tamás nagymamája?

engem	
téged	
minket	**hívnak**
titeket	
őt	
a bátyámat	
őket	
önt	**hívják**
önöket	

 Személyi adatok

— Neve?
— Nevem Magyar Megyer.
— Hol született? Születési helye?
— Magyarország, Mosonmagyaróvár.
— Születési ideje?
— 1999. szeptember 9.
— Állampolgársága?
— Magyar.
— Anyanyelve?
— Az is magyar.
— Foglalkozása?
— Magyartanár vagyok, magyarul magyarázok az iskolában.
— Lakóhelye?
— Magyarország, Mosonmagyaróvár, Mogyoró utca 9.
— Családi állapota?
— Nős vagyok.
— Felesége neve?
— Magyar Megyerné, született Megyeri Mária.
— Köszönöm, Magyar úr.
— Jó, akkor én megyek.

7. lecke

2 Személyi igazolvány

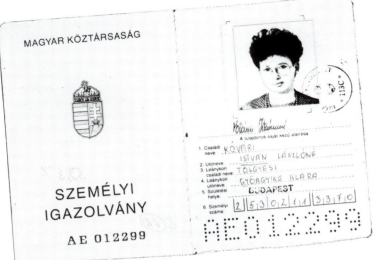

És az ön adatai? /
És a te adataid?

c Hogy néz ki?

Ezek Tamás rokonai. Ki kicsoda?

Ez a nő fiatal, fekete hosszú hajú, középtermetű és nagyon csinos. Ki ő?

Ez a férfi középkorú, sötét hajú, elég magas és bajuszos. Ki ő?

Ez a lány nagyon fiatal, magas, vékony, szőke hajú és nem szemüveges. Ki ő?

Ez a férfi fiatal, középtermetű, barna hajú és jóképű. Nem bajuszos és nem szemüveges. Ki ő?

Ez a nő középkorú, barna hajú, barna szemű, egy kicsit molett és szemüveges. Ki ő?

Ez a nő idős, ősz hajú, alacsony, szemüveges és nagyon szimpatikus. Ki ő?

És hogy néznek ki az ön rokonai? / a te rokonaid?

1 Ki megy Katrin elé?

— Szia, János! Nagy bajban vagyok. Tudod, levelezek egy német lánnyal, Katrinnal. Most éppen Magyarországon van és ma este érkezik Debrecenbe, egy hétre. De ma estére színházjegyünk van Annával. Nem tudsz kimenni a pályaudvarra Katrin elé?

— Jó, rendben van. És szimpatikus lány ez a Katrin?

— Igen. Nagyon kedves és szimpatikus, és elég jól beszél magyarul.

— Na hála istennek, mert én csak egy kicsit tudok németül. És hogy néz ki?

— Huszonöt éves, elég magas, vékony, rövid szőke haja van, kék szemű és szemüveges.

— Remélem, nem lesz ma este több tucat vékony, szőke és szemüveges lány a pályaudvaron. Mikor érkezik a vonat?

— 19 óra 25 perckor.

— Jó, ott leszek.

Klaus · Ute · Claudia · Ulrich

2 Szép kis família

Jacques Prévert

I. Lajos	VIII. Lajos	XV. Lajos
II. Lajos	IX. Lajos	XVI. Lajos
III. Lajos	X. Lajos (a Békételen)	XVIII. Lajos
IV. Lajos	XI. Lajos	és több senki semmi sem . . .
V. Lajos	XII. Lajos	Micsoda idióta népség
VI. Lajos	XIII. Lajos	hát nem képesek még
VII. Lajos	XIV. Lajos	húszig számolni sem?

Tótfalusi István fordítása

3 Olvassa!

[tj]
bemutatja / bemutatjuk / barátja / barátjuk /
koncertje / közértje / fagylaltja / útja

[dj]
ebédje / kádja / keddje / padja / családja

[tyj]
bátyja / bátyjuk / nagybátyja

[nyj]
anyja / anyjuk / édesanyja

4 Nyelvtörő

Az ipafai papnak fapipája van, ezért az ipafai fapipa papi fapipa.

8 Hol voltál?

Kovácsékhoz betörtek

1 Hol voltak és mit csináltak a ház lakói a betörés időpontjában? Kinek nincs alibije?

— Mit csinált Székely Pál?
— A konyhában főzött.
— És mit csináltak Vargáék?
— Vargáék éppen vacsoráztak.
— . . .

	I.	II.
én	olvas**tam**	olvas**tam**
te	olvas**tál**	olvas**tad**
ő/ön	olvas**ott**	olvas**ta**
mi	olvas**tunk**	olvas**tuk**
ti	olvas**tatok**	olvas**tátok**
ők/önök	olvas**tak**	olvas**ták**

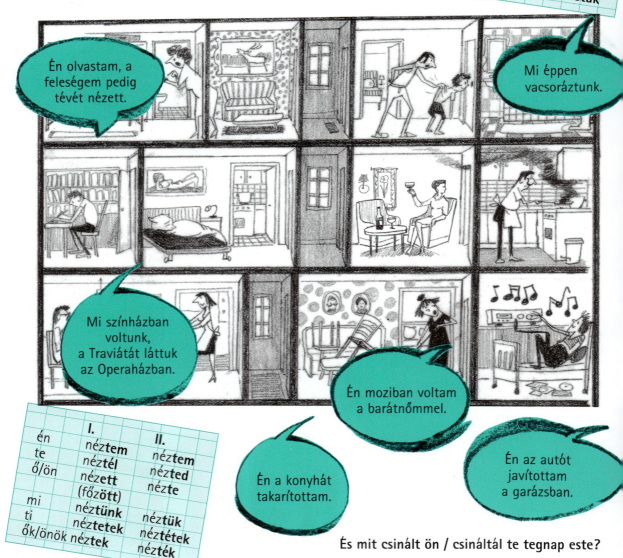

	I.	II.
én	néz**tem**	néz**tem**
te	néz**tél**	néz**ted**
ő/ön	néz**ett** (**főzött**)	néz**te**
mi	néz**tünk**	néz**tük**
ti	néz**tetek**	néz**tétek**
ők/önök	néz**tek**	néz**ték**

És mit csinált ön / csináltál te tegnap este?

Mit csináltál ... ?	Olvastam.
Mit csinált ön ... ?	Főztem.
	Takarítottam.
	Színházban voltam.

Nagyné egy napja

B

Reggel 7 órakor szoktam felkelni.
Együtt szoktam reggelizni a gyerekekkel.
Utána a gyerekek az iskolába mennek, én pedig dolgozni.
Egy órakor együtt szoktam ebédelni a kolléganőmmel, utána folytatjuk a munkát.
Délután szoktam bevásárolni, amikor a munkából hazamegyek. Otthon játszom vagy tanulok a gyerekekkel.

A férjem szokott vacsorát főzni, utána együtt vacsorázik a család.
A gyerekek este 8-kor szoktak lefeküdni.
Mi a férjemmel meg szoktuk nézni a TV-híradót és utána olvasunk, beszélgetünk vagy pihenünk.

szokott + . . . –ni	
Minden nap 7 órakor **szoktam** felkelni.	Ma reggel 9 órakor keltem fel.

8. lecke

1 Ön hány órakor szokott/te hány órakor szoktál . . . ?

vacsorázni

lefeküdni

tévét nézni

. . .

dolgozni menni

reggelizni

felkelni

ebédelni

2 Mit csinált Nagyné tegnap?

Nagyné tegnap reggel hétkor kelt fel. Utána . .

És mit csinált ön / csináltál te tegnap?

3 Mit csinált Márta egész héten?

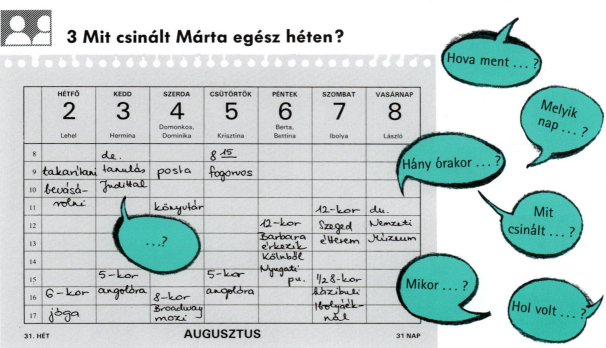

És mit csinált ön / csináltál te a múlt héten?

4 Márta naplójából

aug. 6. péntek

① Ma délben érkezett a kölni barátnőm, Barbara Budapestre. 12-kor kimentem elé a pályaudvarra.

② Utána taxival mentünk haza. Töltött paprikát csináltam ebédre, mert azt Barbara is nagyon szereti.

③ Együtt ebédeltünk és utána a városba mentünk.

④ Sétáltunk a Duna-parton, beszélgettünk és utána beültünk egy kis cukrászdába egy

⑤ kávéra. Hamar eltelt a délután.

⑥ Este a cirkuszba mentünk. Nagyon jól szórakoztunk. 11 órakor értünk haza.

A só

(magyar népmese)

Egyszer volt, hol nem volt, volt egyszer egy
király és annak három lánya. A fél lába már
koporsóban volt az öreg királynak, ezért
férjhez akarta adni a lányait.

5 Három országa volt. De a három ország nem
volt egyforma, ezért a király nem tudta, kinek
melyik országát adja.

Azt mondta hát egyszer a lányainak, hogy
annak adja a legszebb országát, amelyik őt a

10 legjobban szereti.

Megkérdezte hát a lányait, hogy mennyire sze-
retik őt.

Az első lány azt felelte:

— Én úgy szeretlek, édesapám, mint galamb a

15 tiszta búzát.

A második azt mondta:

— Én meg úgy szeretlek, édesapám, mint forró
nyárban a szellőt.

Nagyon tetszett a királynak mind a két

20 felelet.

A harmadik lány így felelt:

— Én úgy szeretlek, édesapám, mint az embe-
rek a sót.

Nagyon megharagudott erre a király és

25 elkergette a lányát az udvarából.

Ment, mendegélt a szegény királykisasszony és
egy nagy erdőbe ért. Ott éldegélt egyedül.
Egyszer a szomszéd királyfi éppen ebben az
erdőben vadászott és megpillantotta a király-

30 kisasszonyt.

Nagyon tetszett neki a lány, hazavitte a palo-
tájába, szép ruhákat adott neki és nemsokára
megtartották az esküvőt is.

A fiatal pár boldogan élt. Ám egyszer a fiatal

35 király megkérdezte a feleségétől:

— Miért kergetett el téged az apád az udvará-
ból? Amikor először láttalak, nem kérdeztelek.
A királyné elmesélt mindent, úgy, ahogy
történt.

40 Erre a fiatal király levelet írt felesége édesap-
jának és meghívta őt ebédre. Jött is másnap az

öreg király nagy örömmel. Asztalhoz ültek.
Hozták a szolgák a finom ételeket, egyiket a
másik után. A fiatal király jóízűen evett, az

45 öreg király azonban csak belekóstolt mindenbe
és várta a következő fogást. De az is ugyano-
lyan sótlan volt, mint az előző. Az öreg király
ételeibe ugyanis nem tett sót a szakács.

A harmadik fogás után elfogyott az öreg király

50 türelme és megkérdezte:

— Hallod-e, öcsém, hát milyen szakácsod van
neked, hogy só nélkül süt-főz?

— Sóval süt-főz az máskor mindig, de én azt
hallottam, hogy bátyámuram nem szereti a

55 sót, ezért csak az én ételeimbe tett sót.

— No, öcsém, azt rosszul tudod, mert én igen
szeretem a sót. Kitől hallottad, hogy nem sze-
retem?

— Hát a lányától, bátyámuram — felelte a

60 fiatal király.

Ebben a pillanatban belépett a fiatal királyné.
Nagyon megörült az öreg király. Azóta már
nagyon megbánta, hogy elkergette a lányát. A
legszebb országát adta hát nekik. Még ma is

65 élnek, ha meg nem haltak.

8. lecke

1 Milyen történeteket lehet kitalálni ehhez a címhez?

MEGTALÁLTAM AZ IGAZIT!

Valaki megtalálta az igazi partnert.

Egy rendező színészt vagy színésznőt keresett a filmjéhez.

...

Ajándékot akartam venni valakinek, de nem tudtam, mit.

2 A pelikán

(Robert Desnos)

Tamkó Sirató Károly fordítása
A Kaláka együttes „A pelikán" című lemezéről

MK 14022
stereto

Jonathán, a kapitány
Húsz éves sem volt talán.
Messze, messze délen járt,
És fogott egy pelikánt.

Másnap látja Jonathán:
Tojt egyet a pelikán.
Fehér tojásából kikelt
Egy második pelikán;
Nála is szebb volt talán.

E második pelikán
No, ez is tojt egyet ám.
Fehér tojásából kikelt
Egy harmadik pelikán;
Nála is szebb volt talán.

E harmadik pelikán,
Hát ez is tojt egyet ám.
És ez így ment volna tán
Hosszú időn át,
Ha Jonathán kapitány
A tojásból nem süt egy jó rántottát
Idejekorán.

 3 Olvassa!

[r]
betörtek / rendőrség / három órakor / Barbara / egyszer / erdő / szeretlek / király / udvar /
Mi történt?

[tt]
olvasott / nézett / takarítottam / javítottam / szokott / együtt / jöttek / beszélgettünk / tetszett /
belépett / megpillantotta / Ottó együtt érkezett Judittal. / Étteremben ettetek.

9 Szabadság és szabadidő

A Ki hol töltötte a nyarat?

Müllerék Magyarországon töltötték a szabadságukat. Tiszafüreden nyaraltak három hétig a gyerekekkel együtt. Sokat pihentek, fürödtek és biciklivel bejárták a környéket. Egyszer kirándultak Debrecenbe is, ahol megnézték a város nevezetességeit. Jártak a magyar pusztán is. Magyar barátaiknál laktak, így volt alkalmuk a magyar nyelvet is gyakorolni.

Zsuzsa és Attila egy európai körutazáson vettek részt. Budapestről először Bécsbe utaztak. Az osztrák fővárosban töltöttek néhány napot, majd onnan továbbutaztak Prágába. Nagyon tetszett nekik a város. A következő állomás Drezda volt. Utána Berlinben meglátogatták német barátaikat. Berlinből vonattal mentek Párizsba. A francia főváros hangulata egészen magával ragadta őket. Megismerkedtek francia egyetemistákkal is és meghívták őket Budapestre. A négyhetes gyönyörű utazás után az Orient expresszel utaztak haza Budapestre.

Schmidték Olaszországban voltak idén nyáron. A tengerparton nyaraltak két hétig és utána megnéztek néhány szép várost: Velencét, Firenzét és Ravennát. Sokat fényképeztek.

A Kovács család Görögországban nyaralt, Korfu szigetén. Egy kis szállodában laktak a tengerparton. Sokat fürödtek, napoztak és pihentek.

Ute spanyolul akart tanulni, ezért befizetett egy spanyol nyelvtanfolyamra Granadában. Nagyon tetszett neki Spanyolország, a vidék, az emberek és a nyelv is.

Karl egy biciklitúrán vett részt Lengyelországban. Sok fiatallal ismerkedett meg és megtanult egy kicsit lengyelül is. A túra után még egy hétig a Mazúriai tavaknál sátorozott néhány barátjával.

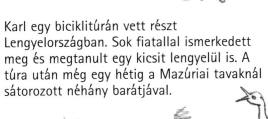

És ön hol töltötte a nyarat? / És te hol töltötted a nyarat?

9. lecke

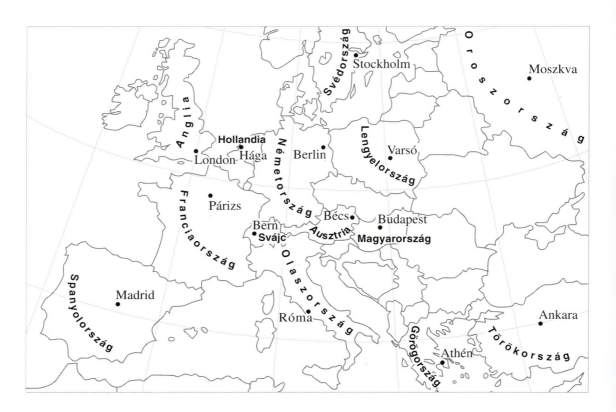

 1 Ki milyen nemzetiségű?

— György magyarul beszél. Ő magyar.
  Magyarországon lakik, Szegeden. Ő szegedi.
— Martin németül . . .
— . . .

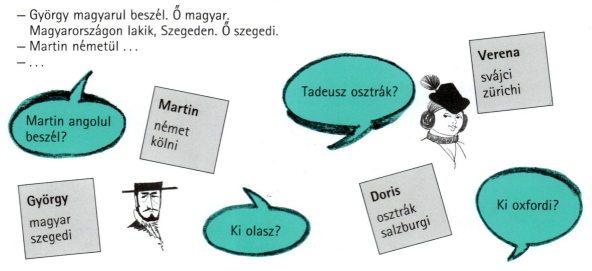

Martin angolul beszél?

Martin német kölni

Tadeusz osztrák?

Verena svájci zürichi

György magyar szegedi

Ki olasz?

Doris osztrák salzburgi

Ki oxfordi?

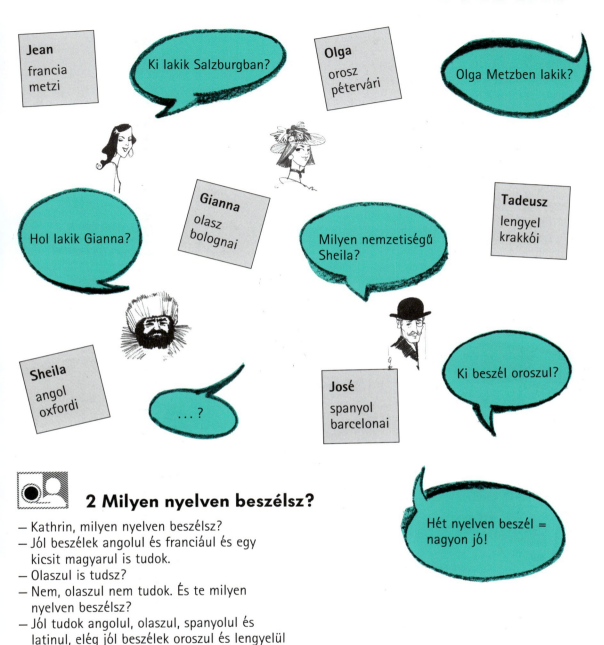

Jean
francia
metzi

Ki lakik Salzburgban?

Olga
orosz
pétervári

Olga Metzben lakik?

Gianna
olasz
bolognai

Hol lakik Gianna?

Milyen nemzetiségű
Sheila?

Tadeusz
lengyel
krakkói

Sheila
angol
oxfordi

... ?

José
spanyol
barcelonai

Ki beszél oroszul?

Hét nyelven beszél =
nagyon jó!

2 Milyen nyelven beszélsz?

— Kathrin, milyen nyelven beszélsz?
— Jól beszélek angolul és franciául és egy
  kicsit magyarul is tudok.
— Olaszul is tudsz?
— Nem, olaszul nem tudok. És te milyen
  nyelven beszélsz?
— Jól tudok angolul, olaszul, spanyolul és
  latinul, elég jól beszélek oroszul és lengyelül
  és most tanulok magyarul.
— Akkor te hét nyelven beszélsz!

És ön milyen nyelven beszél? / És te milyen nyelven beszélsz?

9. lecke

B **Utazás**

— Ti hova fogtok utazni idén nyáron?
— A görög tengerpartra.
— Mivel utaztok? Repülővel?
— Igen, repülővel és utána autóbusszal.
— És mennyi időre mentek?
— Három hétre. És ti?
— Mi sajnos csak két hétre tudunk elutazni.
  Franciaországba megyünk kocsival, Párizsba.
— Szállodában fogtok lakni?
— Nem, ismerősöknél.
— És tudtok franciául?
— Én csak egy kicsit, de a barátom elég jól
  beszél.

I.	II.
fog**ok**	fog**om**
fog**sz**	fog**od**
fog	fog**ja**
fog**unk**	fog**juk**
fog**tok**	fog**játok**
fog**nak**	fog**ják**

1 Hova fogtok utazni idén nyáron?

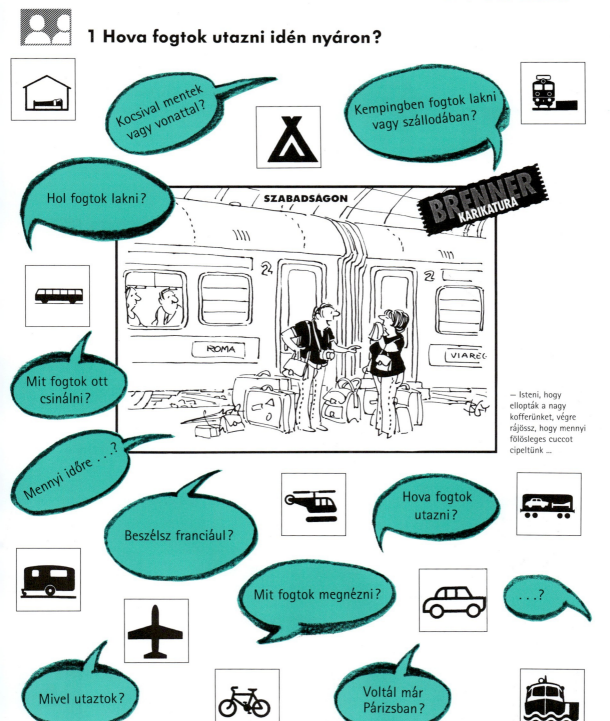

Kocsival mentek vagy vonattal?

Kempingben fogtok lakni vagy szállodában?

Hol fogtok lakni?

Mit fogtok ott csinálni?

Mennyi időre . . . ?

Beszélsz franciául?

Hova fogtok utazni?

Mit fogtok megnézni?

. . . ?

Mivel utaztok?

Voltál már Párizsban?

SZABADSÁGON

BRENNER KARIKATURA

ROMA

VIAREG

— Isteni, hogy ellopták a nagy kofferünket, végre rájössz, hogy mennyi fölösleges cuccot cipeltünk …

9. lecke

  Szabadidő

Engem nagyon érdekelnek a filmek.
Gyakran járok moziba.
De szeretek sportolni is, biciklizni, síelni, úszni.
A barátaimmal kirándulni is szoktam.

ifj. Szabó Tamás
22 éves
egyetemista

Én sokat olvasok. Különösen a regényeket
szeretem és gyakran járok a könyvtárba.
Azonkívül nagyon szeretem a klasszikus zenét
és az operákat. A férjemmel és a barátnőmmel
gyakran járunk koncertre és az Operaházba.

Szabó Tamásné
49 éves
tanárnő

Én is rajongok a zenéért, mint a feleségem, de
a színház is nagyon érdekel. Szeretem a
vígjátékokat és a musicalt.

id. Szabó Tamás
54 éves
építészmérnök

Szabó Józsefné
75 éves
nyugdíjas

Én sokat kézimunkázom, nagyon szeretek kötni
és varrni. Egy nyugdíjas klubba is járok, ahol
sokat beszélgetünk és kártyázunk. A klubban
érdekes előadások is szoktak lenni.

Sokat sportolok: uszodába járok, kosár-labdázom és télen síelek. A barátaimmal gyakran járok diszkóba, mert táncolni is nagyon szeretek. Azonkívül franciául tanulok.

Szabó Csilla
18 éves
gimnazista

Nekem a főzés a hobbim. Mindig új és új recepteket próbálok ki. Gyűjtöm a különböző országok szakácskönyveit; van például olasz, francia, osztrák, spanyol és görög szakács-könyvem.
Azonkívül érdekel a művészet. Gyakran járok múzeumokba, kiállításokra.

Szabó Attila
28 éves
fogorvos

Engem a nyelvek érdekelnek a legjobban. Jól beszélek angolul és németül, egy kicsit franciául és most kezdtem el olaszul tanulni. Azonkívül minden nap jógázom.

Szabóné Török Andrea
27 éves
idegenvezető

Szabó Péter
2 éves

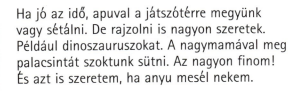

Ha jó az idő, apuval a játszótérre megyünk vagy sétálni. De rajzolni is nagyon szeretek. Például dinoszauruszokat. A nagymamával meg palacsintát szoktunk sütni. Az nagyon finom! És azt is szeretem, ha anyu mesél nekem.

9. lecke

1 Milyen tanfolyamokon lehet részt venni?

PATAKY MŰVELŐDÉSI KÖZPONT
(X., Szent László tér 7-14. Tel.: 260-9959)

■ Csütörtökön, 1-jén, este 7-kor: Filmklub — Stalker.
Szombaton, 3-án, de. 10-kor: Natura-nap. Vasárnap, 4-én,
du. 5-kor: Amíg élünk, szól a nóta... — Máté Ottília kon-
certje. Tanfolyamok: zenés ovitorna ✿, ovis-kisiskolás
aerobik ✿, jazzbalett, show-tánc, társastánc, akrobatikus
rock and roll gyerekeknek ✿, angol, Bates-féle látásjavító
szemtorna, boogie-woogie felnőtteknek, testmasszázs, jóga,
hatékony és eredményes tanulás, klip-show dance, művészi
mozgásstúdió, reflexológia, szabás-varrás, testformáló női
torna.

FERENCVÁROSI MŰVELŐDÉSI KÖZPONT
(IX., Haller u. 27. Tel.: 216-1300)

■ Pénteken, 2-án, du. 6-kor: Aprók tánca — magyar táncház
gyerekeknek ✿; este 8-kor: magyar táncház felnőtteknek.
Szombaton, 3-án, du. 6-kor: Afro Magic Band koncert.
Szerdán, 7-én, este 1/2 8-kor: Kolo táncház. Tanfolyamok:
balett ✿, jazz-tánc ✿, akrobatikus rock and roll ✿, karate
✿, jóga, mélyizom-torna, aerobik, karate.

> Szeretnék angolul tanulni. Beiratkozom egy angol nyelvtanfolyamra.

> Én többet szeretnék mozogni. Jazzbalettre fogok járni hetente kétszer.

> Engem nagyon érdekel a reflexológia. Én a talpmasszázs-tanfolyamra fogok járni.

> Én meg akarok tanulni varrni. Beiratkozom a szabás-varrás tanfolyamra.

> Én jógázni fogok.

**És önt melyik tanfolyamok érdeklik? / És téged melyik tanfolyamok érdekelnek?
Milyen tanfolyamon fog/fogsz részt venni?**

 2 Érdeklődési kör

— Önt érdeklik a filmek?
— Igen, nagyon. Gyakran járok moziba.
— És a sport is érdekli?
— Nem, a sport egyáltalán nem érdekel, de szeretek kirándulni. Vasárnap a barátaimmal a Börzsönybe megyünk. Ha van kedve, jöjjön velünk!
— Nem, köszönöm. Vasárnap focimeccs lesz a tévében és azt nem akarom elszalasztani.

— Azt hallottam, hogy téged nagyon érdekel a klasszikus zene.
— Igen, nagyon szeretek zenét hallgatni és koncertre járni. És téged mi érdekel a legjobban?
— A nyelvek és az irodalom. Több nyelven beszélek és sokat olvasok.
Gyakran járok könyvtárba és sok külföldi barátom van.
— A nyelvek engem is érdekelnek. Most kezdtem el olaszul tanulni.

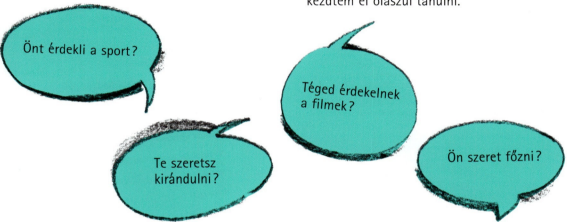

érdekel/érdekelnek a/az . . .			
mozi	filmek	színház	
könyvek	sport	opera	balett
nyelvek	kiállítások	múzeumok	
zene	jóga	asztrológia	
irodalom	művészet		

szeretsz . . .			
főzni	kirándulni	olvasni	
zenét hallgatni	táncolni	kézimunkázni	
kötni	varrni	sportolni	úszni
síelni	biciklizni	beszélgetni	
tévét nézni			

És önt mi érdekli? / És téged mi érdekel?

9. lecke

3 Ez és az

Milyen darabok mennek ebben a színházban és
milyen darabok abban a színházban?

SZINDBÁD ART Mozihálózat, dolby sztereó,
klimatizált nézőtéR
XIII., Szent István krt. 16. NH. Tel.: 349-2773. Pénztárnyitás
du. 4 órakor. Jegyelővétel az egész műsorhétre. Este 7 óráig
ifjúsági és nyugdíjas mozibérletre 50% kedvezmény! 15 fő
felett 50% kedvezményt adunk minden előadásra.
www.artmozik.hu

Lottózsonglőrök (ír, feliratos, 90 perc)★ 15-én du. n5.
Glamour (magyar, 115 perc)★ 16-án du. 4.
Buena Vista Social Club (német-amerikai dokumen-
tumfilm, feliratos, 101 perc) 17-én du. 4.
Szomorú vasárnap (magyar-német, 106 perc) 18-án du.
4.
Káma Szútra (amerikai-indiai, feliratos, 114 perc)★ ★
19-én du. 4.
Tea Mussolinivel (olasz-angol, feliratos, 118 perc) 20-án
du. 4.
Zűrzavar (amerikai, feliratos, 112 perc)★ ★ 21-én du. 4.
Pan Tadeusz (lengyel, szinkronizált, 125 perc) du. 6.
Táncos a sötétben (dán-svéd-francia, feliratos, 139
perc) 15-18-áig, 20-án, 21-én este n9.
Turisták (francia, feliratos, 95 perc)★ 15-én du. h5.
Hibátlanok (amerikai, feliratos, 112 perc)★ ★ 16-án du.
h5.

Grafológia haladóknak
szeptember 6-tól
csütörtökönként 17.30-19.30 óráig

Burda szabás-varrás tanfolyam
/42 órás/
szeptember 17-től
hétfőnként 17.00-20.00 óráig

SZEGEDI NEMZETI SZÍNHÁZ

1. k. Figaro házassága
   este 1/2 7
3. cs. Faust
   este 6
   József A. 1–2. bérl.
5. sz. Figaro házassága
   este 1/2 7

MISKOLCI NEMZETI SZÍNHÁZ

2. sz. Cyrano
   Shakespeare ifj. bérl.
3. cs. Cyrano
   Goldoni ifj. bérl
4. p. Cyrano
   Upor ifj. bérl.
5. sz. Csárdáskirálynő
6. v. Csárdáskirálynő
   du. 5
7. h. A Miskolci Szimfonikus
   Zenekar koncertje
   este 1/2 8
   Népszerű zenei esték bérl.
10. cs. Cirkuszhercegnő
11. p. CIRKUSZHERCEGNŐ

Milyen filmek mennek ebben a moziban és
milyenek abban a moziban?

EURÓPA ART Mozihálózat
VII., Rákóczi út 82. NH. Tel.: 322-5419. Jegyár: szerdán 300
Ft, a többi napon 500 Ft.

NAGYTEREM
Sztárral szemben (ff., amerikai, feliratos, 113 perc) 15-
én du. n4.
Gyere! Csere. (amerikai, feliratos, 100 perc)★ ★ 16-án
du. n4.
Ludas Matyi (magyar rajzfilm, 75 perc) 17-én, 18-án
du. 3.
Mikrokozmosz (francia, szöveg nélküli, 75 perc) 17-én,
18-án du. n5.
Felicia utazása (angol-kanadai, feliratos, 116 perc)★ ★
19-én du. n4.
Varázsige: I Love You (amerikai, feliratos, 101 perc) 20-
án, 21-én du. n4.
Vatel (angol-francia, szinkronizált, 117 perc) 15-én, 21-én
du. f6.
Portugál (magyar, 93 perc)★ 16-án du. f6; 17-én este
h10.
Erin Brockovich — Zűrös természet (amerikai, felira-
tos, 133 perc)★ ★ 17-én du. f6.
Amerikai szépség (amerikai, feliratos, 122 perc)★ ★
16-án este h10; 18-án, 20-án du. f6.

Mit lehet tanulni ezen a tanfolyamon és mit
azon a tanfolyamon?

ez + ben = ebben	
az + ban = abban	
ez + vel = ezzel	
az + val = azzal	

Adó sz.: 10550908-2-41
International Buda Stage
2001.03.31. 19.30
Ár: 800,- Ft
J/XIII./7.
4-054047

International Buda Stage
Budapest II. ker., Tárogató út 2-4. Telefon: 391-2500
SZÍNHÁZ
Egymásban
2001. március 31. szombat 19.30   Ár: 800,- Ft
JOBB OLDAL XIII. sor 7. szék   10,71% Áfa-t tartalmaz
Sorszám: 4-054047

Hova lehet bemenni ezzel a jeggyel és hova
azzal a másik jeggyel?

PESTI SZÍNHÁZ
A Vígszínház
Kamaraszínháza
V. Váci utca 9.
2001. április 7. szombat 19 óra
Képzelt beteg
Erkély Bal
1.sor 4.szék
Ára: 700 Ft
12% ÁFA-val
BELÉPŐJEGY

PESTI SZÍNHÁZ
ELLENŐRZŐ SZELVÉNY
2001. április 7.
szombat 19 óra
Képzelt beteg
Erkély
Bal   1.s.   4.sz.
Ára: 700 Ft
12% ÁFA-val

A pályaudvaron

Az információnál

— Jó napot kívánok. Érdeklődni szeretnék, hogy mikor indul gyorsvonat Szegedre.
— Reggel vagy délután szeretne utazni?
— Ma délután.
— 15 óra 54 perckor indul a Szeged expressz az ötödik vágányról.

— Elnézést, nem értettem, hányadik vágányról indul?
— Az ötödik vágányról, 15 óra 54 perckor.
— Tehát 4 óra előtt hat perccel. Köszönöm. Viszontlátásra.
— Viszontlátásra.

10. lecke

A pénztárnál

— Jó napot kívánok. Szegedre kérek egy jegyet, másodosztályra.
— A Szeged expresszel utazik?
— Igen, a 15 óra 54-essel.
— Akkor helyjegyet is kell váltani. Nemdohányzó vagy dohányzó kocsiba kéri a helyjegyet?

— Nemdohányzóba.
— Tessék. 415 forint.
— Köszönöm. Viszontlátásra.

gyorsvonat személyvonat expressz	első osztályra másodosztályra

A vonaton

— Jó napot kívánok. Van itt még egy szabad hely?
— Igen, tessék. Ott, az ablaknál már ül valaki, de ez a hely még szabad.
— Köszönöm.

```
Adószám:    1085 6417 244
2001.06.23.Szombat      10:02
MÁV Rt.11130897 SZJ6010110
BUDAPEST-NYUGATI PU.
Teljesárú          Egy útra
       2. osztály
Érv:2001.06.23.      +1 nap
10.71 % ÁFA-t tartalmaz
0 2 0 km 00126Ft      05951
```

Mennyit késik?

— Elnézést, meg tudja mondani, mennyit késik az Orient expressz?
— Egy pillanat türelmet kérek. Rögtön utána-nézek. Körülbelül egy órát késik.
— Köszönöm.

Mennyit késik?
10 percet negyed órát fél órát másfél órát

Hány óra van?		Hánykor indul a vonat?	
7 óra 53 perc 7 perc múlva nyolc		7 óra 53 perckor nyolc előtt hét perccel	
8 óra 34 perc 4 perccel múlt fél kilenc		8 óra 34 perckor fél kilenc után négy perccel	

 1 Információ és jegyváltás

expressz
Bécs
vasárnap
16.40
2. vágány
a vonat helyjegyes

gyorsvonat
Prága
holnapután
6.05
1. vágány

gyorsvonat
Győr
holnap délután
17.33
4. vágány
a vonat helyjegyes

személyvonat
Balatonkenese
holnap reggel
8.52
8. vágány

gyorsvonat
Kecskemét
ma este
18.28
5. vágány

2 Menetrend

Wiener-Walzer
Budapest – Basel – Budapest

◆ 1224 Wien – Oostende-Expressz. Közlekedik: XI. 3/4-ig; XII. 20/21–I. 6/7.; III. 14/15-től
1225 Oostende – Wien-Expressz. Közlekedik: XI. 475-ig; XII. 21/22–I. 7/8.; III. 15/16-től

Budapest – Basel / **Basel – Budapest**

466	1221 ◆	Km		1225	467
R	R			R	R
16 40		0	↓ Budapest-Keleti pu. o		13 05
18 50		188	o Hegyeshalom		10 51
19 11			Hegyeshalom 🏛		10 31
19 32		220	o Bruck a. d. L.		10 10
19 33			Bruck a. d. L.		10 09
20 15		272	o Wien Westbf.		9 30
21 00			Wien Westbf.		8 35
22 52		462	o Linz Hbf.		6 34
22 54			Linz Hbf.		6 31
0 14		589	o Salzburg Hbf.		5 10
0 24			Salzburg Hbf.		4 58
4 00		844	o Innsbruck Hbf.		1 35
4 10			Innsbruck Hbf.		1 30
6 28		1003	o Feldkirch		23 21
6 42			Feldkirch		23 15
6 58		1022	o Buchs SG. 🏛		22 59
7 14			Buchs SG.		22 45
8 26		1131	o Zürich HB.		21 33
8 37			Zürich HB.		21 23
9 33		1219	o Basel		20 27
		272	Wien Westbf.		9 10

EC Lehár
Budapest – Wien – Budapest

◆ 1340/1344 Közlekedik: ⑦
1345/1341 Közlekedik: ⑥

Wien – Budapest

m		EC 41	1341 / 1345
		R	R
0	↓ Budapest-Déli pu. o	10 33	11 20
	Győr	9 07	9 43
9	o Hegyeshalom	9 04	9 41
	Hegyeshalom 🏛	8 38	9 15
	o Bruck a. d. L.	8 28	9 00
	Bruck a. d. L.	8 08	8 40
	o Wien Südbf.	8 07	8 39
		7 45	8 15

honnan? – indul
hova? – érkezik

Hány órakor indul az Orient expressz Budapestről?

Hány óra alatt ...?

Mikor érkezik a vonat Münchenbe?

Mennyi idő alatt ér a vonat Budapestről Münchenbe?

Hány kilométer a távolság Budapest és München között?

Hány óráig tart az út Budapesttől Münchenig?

Melyik pályaudvarról indul az Orient expressz?

Orient-Expressz
Budapest – Paris – Budapest

Budapest – Paris / **Paris – Budapest**

262	Km		263
R			R
10 00	0	↓ Budapest-Keleti pu. o	20 00
12 05	188	o Hegyeshalom	17 47
12 30		Hegyeshalom 🏛	17 27
12 51	220	o Bruck ad L.	17 04
12 52		Bruck ad L.	17 03
13 34	272	o Wien Westbf.	16 22
15 04		Wien Westbf.	15 17
16 57	462	o Linz Hbf.	13 17
17 00		Linz Hbf.	13 14
18 25	589	o Salzburg Hbf.	11 53
18 49		Salzburg Hbf. 🏛	11 24
20 27	742	o München Hbf.	9 43
20 44		München Hbf.	9 31
23 16	985	o Stuttgart Hbf.	7 02
23 34		Stuttgart Hbf.	6 48
0 39	1075	o Karlsruhe Hbf.	5 44
0 43		Karlsruhe Hbf.	5 40
1 28	1154	o Kehl	4 51
1 45		Kehl 🏛	4 35
1 54	1162	o Strasbourg 🏛	4 24
2 10		Strasbourg	3 53
6 44	1666	o Paris-Est ↑	23 15

Helyfoglalás

— Jó napot kívánok. Hálókocsijegyet szeretnék váltani, Budapesttől Berlinig, június 24-ére, a 20 óra 50-es vonatra.

— A jegyet kérem. Tehát június 24-ére, a 20 óra 50-esre.

. . .

Tessék parancsolni. 135 forint.

— Köszönöm.

* * *

— Malév helyfoglalás. Jó napot kívánok.

— Jó napot kívánok. Berlinbe szeretnék repülni a feleségemmel. Március 22-ére, a 9 óra 45-ös MALÉV-járatra szeretnék két helyet.

— Pillanat türelmet kérek. A 9 óra 45-ös járatra sajnos nincs már több helyünk, de a délutáni gépre még van hely. Az 16 óra 50 perckor indul és 18 óra 10 perckor érkezik Berlin Schönefeldre.

— Akkor a délutáni géppel megyünk.

— A neveket, legyen szíves!

— Székely Zoltán és Székely Zoltánné.

— A foglalási számuk: IJ-84 és 85. A MALÉV--irodában ezt a számot kell megadni, amikor jegyet vált.

— IJ-84 és 85. Köszönöm szépen. Viszonthal-lásra.

— Viszonthallásra.

A hónapok

1.	elseje
2.	második
3.	harmadika
4.	negyedike
5.	ötödike
6.	hatodika
7.	hetedike
8.	nyolcadika
9.	kilencedike
10.	tizedike

11.	tizenegyedike
12.	tizenkettedike
13.	tizenharmadika
. . .	
20.	huszadika
21.	huszonegyedike
22.	huszonkettedike
. . .	
30.	harmincadika
31.	harmincegyedike

2001

JANUÁR FEBRUÁR MÁRCIUS

ÁPRILIS MÁJUS JÚNIUS

JÚLIUS AUGUSZTUS SZEPTEMBER

OKTÓBER NOVEMBER DECEMBER

Komáromi Nyomda és Kiadó Kft.

Mikorra? Hányadikára?

január 18-**ára** (tizennyolcadiká**ra**)
június 24-**ére** (huszonnegyediké**re**)

10. lecke

1 Hányadika van ma?

— Hányadika van ma?
— Ma március negyedike van.

febr. 2.	ápr. 12.	jún. 29.	aug. 20.
okt. 3.	júl. 30.	nov. 29.	dec. 31.
jan. 15.	márc. 1.	máj. 11.	szept. 17.

2 Mikor van Katalin-nap?

— Mikor van Katalin-nap?
— Április 30-án (harmincadikán).
— És hányadikán van Attila-nap?
— Január 7-én (hetedikén).

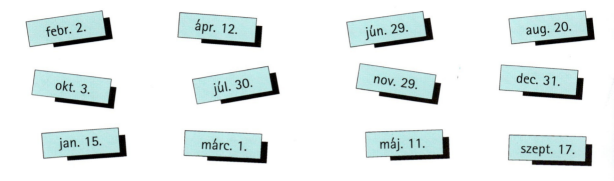

Hányadikán?

elsején
másodikán
harmadikán
negyedikén
. . .

Arisztid *ápr. 27.*
Ármin *máj. 10.*
Arnold *jún. 18.*
Áron *ápr. 2., júl. 1.*
Árpád *márc. 31., ápr. 7., dec. 11.*
Artúr *jan. 22., nov. 15.*
Árvácska *júl. 27.*
Atália *dec. 3.*
Atanáz *máj. 2.*
Attila *jan. 7.*
Auguszta *márc. 29., dec. 18.*
Aurél *okt. 5.*
Aurélia *dec. 2.*
Auróra *okt. 15.*

Karola *jan. 28., szept. 27., nov. 4.*
Karolina *febr. 2.*
Károly *jan. 28., jún. 3., nov. 4.*
Kartal *márc. 23.*
Katalin *febr. 13., márc. 22., ápr. 29., 30., máj. 9. nov. 25.*
Katinka l. Katalin, *nov. 25.*
Kázmér *márc. 4.*
Kelemen *márc. 15., nov. 23.*
Kende *szept. 25.*
Kenese *júl. 10., dec. 13.*
Kenéz *dec. 7.*
Kerény *jún. 4.*

Berta *júl. 4., aug. 6.*
Bertalan *aug. 24.*
Bertold *febr. 11., dec. 14.*
Bettina *aug. 6., okt. 8. dec. 4.*
Bianka l. Blanka, *okt. 25.*
Bibiána l. Viviána
Bíborka *ápr. 6.*
Blanka *aug. 10., okt. 25., dec. 1.*
Bódog *jan. 14., nov. 20.*
Bodomér *dec. 21.*
Boglárka *aug. 1.*
Boldizsár *jan. 6.*
Bolivár *febr. 18., jún. 19.*
Bonifác *máj. 14., jún. 5.*
Bónis l. *szept. 26., 27.*
Kreszcencia *ápr. 9., jún. 15.*
Kristóf *márc. 15., júl. 25.*
Kriszta l. Krisztina
Krisztián *márc. 13., ápr. 3., nov. 12.*
Krisztina *júl. 24., aug. 5., nov. 6.*
Kunigunda *márc. 3.*
Kunó *nov. 12.*
Kürt *febr. 14.*

Lajos *aug. 19., 25.*
László *jún. 27., aug. 8.*
Laura *ápr. 11., jún. 17.*
Lázár *dec. 17.*

Cseke *aug. 16.*
Csenge *febr. 4., júl. 2.*
Csenger *nov. 7.*
Csilla *ápr. 22., ...szept. 1.*
Csongor *jan. 13., ápr. ...júl. 17.*

Dália *okt. 25.*
Dalida *ápr. 13.*
Dalma *júl. 12.*
Dániel *júl. 21.*
Daniella l. Dániel, *júl. 21.*
Darinka *febr. 24.*
Dávid *dec. 29., 30.*
Deli *jan. 5.*
Délia *jún. 6., okt. 20.*
Der... Lúcia, *dec. 13.*
Lúcia *dec. 13.*
Lucián *jan. 7.*
Ludmilla *szept. 17.*
Ludovika *szept. 13.*
Lujza *márc. 2., jún. 21.*
Lukács *okt. 18.*
Lukrécia *júl. 9.*

Magdolna *máj. 29., júl. 22.*
Malvin *okt. 1.*
Manda l. Magdolna
Manó *márc. 26.*
Manuéla *márc. 26.*
Marcell *jan. 16., 31., aug. 14.*
Marcella l. Marcell, *jan. 31.*
Marcián *jún. 17.*

Elemér ...
Eleonóra *febr. 21.*
Éliás *febr. 16., júl. 20.*
Eliza *máj. 24.*
Ella *febr. 13.*
Ellák *júl. 8.*
Előd *jún. 9., okt. 22., dec. 26.*
Elvira *febr. 10.*
Elza l. Erzsébet, *dec. 1.*
...márc. 14., júl. 6.
Mátyás *febr. 24.*
Maura *szept. 21.*
Medárd *jún. 8.*
Medárda l. Medárd
Megyer *jan. 19., nov. 13.*
Melánia *jan. 10., dec. 31.*
Melinda *okt. 29., dec. 2.*
Melitta *márc. 10., ápr. 1., szept. 15.*
Menyhért *jan. 6., aug. 22.*
Mercédesz *szept. 24.*
Metella *jan. 24.*
Mihály *máj. 8., szept. 29., nov. 8.*
Miklós *márc. 21., szept. 10., dec. 6.*
Miksa *okt. 12.*
Milda *júl. 13.*

3 Mikor van a születésnapod?

Mikor van a születésnapod?	Február**ban**.
Önnek **hányadikán** van a születésnapja?	Február 2-**án** (második**án**).
Mikor van a húgod születésnapja?	December**ben**.
Hányadikán van a férjed születésnapja?	Március 5-**én** (ötödik**én**).

Életrajz

Nevem Karin Neumann-Berger.
1960. január 18-án születtem Würzburgban.
1966-tól 1970-ig Würzburgban jártam iskolába, majd 1970-től 1979-ig elvégeztem a
5 gimnáziumot.
1979-ben érettségiztem a würzburgi Goethe Gimnáziumban. Utána egy évig dolgoztam.
1980-ban kezdtem egyetemre járni Münchenben, német és pedagógia szakra.
10 1984-ben Frankfurtba költöztem és ott folytattam az egyetemet.

1987-ben szereztem diplomát.
Ezután egy évig Franciaországban dolgoztam, egy párizsi nyelviskolában.
15 1988 óta a televíziónál dolgozom. Dramaturg vagyok, gyermekműsorokat készítek.
1990. szeptember 25-én férjhez mentem. A férjem, Andreas Berger újságíró. Frankfurtban élünk és dolgozunk.
20 1992. február 11-én született a kislányunk, Brigitte.

10. lecke

1 Karin Neumann-Berger

Hol járt egyetemre?

Hol dolgozott 1987-ben?

Hol lakott Karin 1978-ban?

Mikor érettségizett?

Mióta dolgozik a televíziónál?

Mikor született Karin?

. . .?

És ön? / És te?

József Attila

József Attila, a XX. század legjelentősebb magyar költője, 1905. április 11-én született Budapesten.
Három éves volt, amikor apja, József Áron
5 elhagyta a családot és külföldre ment. Édesanyja egyedül nevelte fel a három gyereket, Attilát és két nővérét.
A család nagy szegénységben élt. Attila édesanyja mosással, takarítással kereste a kenyerét.
10 A kis Attila is megpróbált segíteni a családnak, vizet árult egy moziban, papírforgókat csinált a gazdagabb gyerekeknek, újságot árult . . .
1919-ben édesanyja meghalt és Attila sógora gyámsága alá került. A gimnáziumot Makón

15 végezte, ahol internátusban lakott.
Tizenhét éves korában jelent meg első verseskötete, a „Szépség koldusa".
Az érettségi után beiratkozott a szegedi egyetemre, magyar-francia-filozófia szakra, de egy
20 verse miatt nem folytathatta tovább tanulmányait.
Ezért 1925-ben Bécsbe ment és ott tanult tovább. Később a párizsi Sorbonne-egyetem hallgatója lett, majd 1927-ben visszatért
25 Budapestre.
A „Nyugat" című folyóirat publikálta verseit és más írásait, majd 1936-tól a „Szép Szó" című baloldali folyóirat szerkesztője lett.
1937. december 3-án Balatonszárszón vonat
30 elé vetette magát.

2 Ki mikor született? Ki mikor élt?

Indira Gandhi
1917. nov. 19.
XX. sz.

George Sand
1804. júl. 1.
XIX. sz.

Johann Wolfgang von Goethe
1749. aug. 28.
XVIII. – XIX. sz.

Kolumbusz Kristóf
1451.
XV. sz.

Michelangelo
1475. márc. 6.
XV. – XVI. sz.

Szabó Magda
1917. okt. 5.
XX. sz.

Mikor született Michelangelo?

Melyik században élt George Sand?

Agatha Christie
1890. szept. 15.
XX. sz.

Széchenyi István
1791. szept. 21.
XIX. sz.

10. lecke

  Az időjárás

— Milyen az idő kint?
— Nem rossz. Kicsit fúj a szél, de süt a nap és meleg van.
— Jó, akkor menjünk sétálni.

tavasz

nyár

— Holnap nagy hőség lesz, 32 fok.
— Jó, akkor kimegyünk a strandra.

— Milyen idő van kint?
— Pocsék. Esik az eső, fúj a szél és hűvös van.

ősz

tél

— Anyu! Esik a hó! Elmegyünk szánkózni?
— Igen, majd ebéd után elmegyünk.

hideg	
meleg	
hűvös	**van**
hőség	

-on, -en	-val, -vel
nyár – nyár**on**	tavasz – tavas**szal**
tél – tél**en**	ősz – ő**sszel**

1 Hány fok van?

Hány fok van Athénban?

Hány fok van . . .?

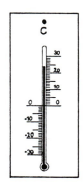

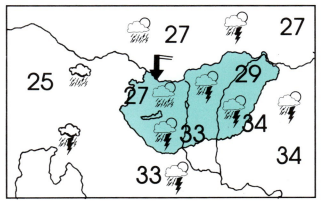

+10° plusz tíz	
0° nulla	fok
−5° mínusz öt	

Európai városok időjárása:

Isztambul	napos	29 fok	Frankfurt	szeles	25 fok
Athén	napos	34 fok	Stockholm	szeles	23 fok
Róma	napos	30 fok	Helsinki	felhős	16 fok
Zürich	szeles	24 fok	Moszkva	szeles	12 fok
Madrid	napos	32 fok	Kijev	szeles	24 fok
Párizs	felhős	21 fok	Bukarest	szeles	33 fok
Amsterdam	felhős	19 fok			
London	esős	19 fok			

STRANDIDŐ

A Meteorológiai Intézet jelentése szerint, várható időjárás Budapesten ma estig: napos, száraz lesz az idő, időnként megélénkülő széllel. Délután 25, este 20 fok lesz a hőmérséklet.

Szeles idő, záporok

A Meteorológiai Intézet jelentése szerint Budapesten ma estig a gyakran változó felhőzetből futózáporok lesznek. Zivatar is várható. A délnyugati szél nyugatira, majd északnyugatira fordul, gyakran erős, időnként viharos lesz. A hőmérséklet kora délután 10 fok közelében, késő este plusz 4 fok valószínű.

2 Időjárásjelentés

Tavaszi idő

A Meteorológiai Intézet jelentése szerint Budapesten ma estig kevés felhő, napos idő, mérsékelt szél várható. A hőmérséklet délutánra 13 —14 fokig emelkedik, estére 8–9 fokig sülylyed.

Hűvös idő

Vasárnap többször lesz erősen felhős az ég, elszórtan várható eső, zápor, helyenként zivatar. Az északi szél gyakran lesz élénk, időnként erős. Folytatódik az évszakhoz képest hűvös idő. A legmagasabb nappali hőmérséklet 17 és 22 fok között alakul.

10. lecke

 3 Népdal

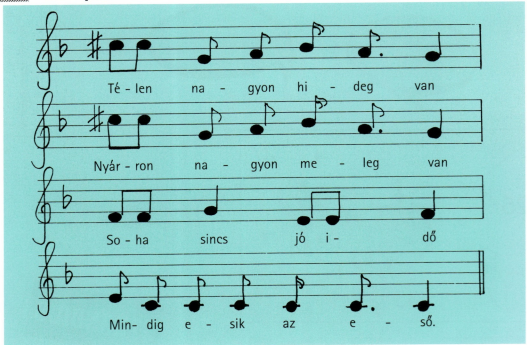

Té- len nagyon hi- deg van

Nyár- ron nagyon me- leg van

So- ha sincs jó i- dő

Min- dig e- sik az e- ső.

Télen nagyon hideg van,
Nyáron nagyon meleg van,
Soha sincs jó idő,
Mindig esik az eső.

11 Ünnepek

Jókívánságok

A virágárusnál

— Milyen virágot vegyünk Máriának a
névnapjára?
— Nem is tudom. A szegfűk nem tetszenek, a
rózsa pedig nagyon drága. Talán kardvirágot.
Két szál kardvirágot kérek és egy kis zöldet
is hozzá.
— Tessék parancsolni. 115 forint.

Máriánál

— Szervusz, Mária! Boldog névnapot kívánunk.
Tessék. Ezt a virágot neked hoztuk.
— Nagyon kedvesek vagytok. Köszönöm szépen.

Névnapod alkalmából minden jót kívánunk!

Születésnapod alkalmából minden jót kívánunk!

Boldog névnapot kívánunk

Boldog születésnapot kívánok!

11. lecke

1 Mikor van (a) . . .?

JANUÁR — 31 nap

Napok	Névnapok, ünnepek	A Nap kelte ó. p.	A Nap nyugta ó. p.	A Hold kelte ó. p.	A Hold nyugta ó. p.
1 Péntek	Újév, Fruzsina	7³²	16⁰⁴	11⁰⁰	–
2 Szombat	Ábel	7³²	16⁰⁵	11²⁵	1⁰³
3 Vasárnap	Genovéva, Benjámin	7³²	16⁰⁶	11⁵³	2⁰⁹
4 Hétfő	Titusz, Leona	7³²	16⁰⁷		
5 Kedd	Simon	7³²	16⁰⁸		
6 Szerda	Boldizsár	7³¹	16		
7 Csütörtök	Attila, Ramóna	7³¹	16		
8 Péntek	Gyöngyvér	7³¹	16		
9 Szombat	Marcell	7³¹	16		
10 Vasárnap	Melánia	7³⁰	16		
11 Hétfő	Ágota	7³⁰	16¹⁵		
12 Kedd	Ernő	7²⁹			
13 Szerda	Veronika	7	16¹⁸	23⁰⁴	
14 Csütörtök	Bódog	7²⁸	16¹⁹	–	10⁰⁷
15 Péntek	Lóránt, Loránd	7²⁷	16²⁰	0²⁰	10³⁵
16 Szombat	Gusztáv	7²⁷	16²²	1³⁴	11⁰⁸
17 Vasárnap	Antal, Antónia	7²⁶	16²³	2⁴⁵	11⁴⁶
18 Hétfő	Piroska	7²⁵	16²⁴	3⁵¹	12³¹
19 Kedd	Sára, Márió	7²⁴	16²⁶	4⁴⁹	13²³
20 Szerda	Fábián, Sebestyén	7²⁴	16²⁷	5³⁸	14²²
21 Csütörtök	Ágnes	7²³	16²⁹	6¹⁸	15²⁵
22 Péntek	Vince, Artúr	7²²	16³⁰	6⁵²	16³⁰
23 Szombat	Zelma, Rajmund	7²¹	16³²	7²⁰	17³⁵
24 Vasárnap	Timót	7²⁰	16³³	7⁴³	18³⁹
25 Hétfő	Pál	7¹⁹	16³⁵	8²⁵	19⁴²
26 Kedd	Vanda, Paula	7¹⁸	16³⁶	8²⁵	20⁴⁴
27 Szerda	Angelika	7¹⁷	16³⁸	8⁴⁴	21⁴⁷
28 Csütörtök	Károly, Karola	7¹⁶	16³⁹	9⁰⁵	22⁵⁰
29 Péntek	Adél	7¹⁴	16⁴¹	9²⁸	23⁵¹
30 Szombat	Martina, Gerda	7¹³	16⁴²	9⁵⁴	
31 Vasárnap	Marcella	7¹²	16⁴⁴	10²⁵	

JÚNIUS — 30 nap

Napok	Névnapok, ünnepek	A Nap kelte ó. p.	A Nap nyugta ó. p.	A Hold kelte ó. p.	A Hold nyugta ó. p.
1 Kedd	Tünde	3⁵¹	19⁰³		
2 Szerda	Kármen, Anita	3⁵⁰			
3 Csütörtök	Klotild				
4 Péntek	Bulcsú				
5 Szombat	Fatime				
6 Vasárnap	Norbert, Cintia				
7 Hétfő	Róbert	3⁴⁷	19⁴¹		
8 Kedd	Medárd	3⁴⁷	19⁴¹		
9 Szerda	Félix	3⁴⁷	19⁴¹	2⁵	
10 Csütörtök	Margit, Gréta	3⁴⁷	19⁴²	23⁵¹	12⁰⁰
11 Péntek	Barnabás	3⁴⁷	19⁴²	–	13⁰²
12 Szombat	Villő	3⁴⁶	19⁴²		
13 Vasárnap	Antal, Anett	3⁴⁶	19⁴³	0¹³	14⁰⁵
14 Hétfő	Vazul	3⁴⁶	19⁴³	0³⁷	15⁰⁹
15 Kedd	Jolán, Vid	3⁴⁶	19⁴⁴	1⁰⁵	16¹⁴
16 Szerda	Jusztin	3⁴⁶	19⁴⁴	1³⁸	17¹⁸
17 Csütörtök	Laura, Alida	3⁴⁶	19⁴⁴	2¹⁹	18¹⁹
18 Péntek	Arnold, Levente	3⁴⁶	19⁴⁴	3¹⁰	19¹⁴
19 Szombat	Gyárfás	3⁴⁷	19⁴⁵	4⁰⁶	20⁰³
20 Vasárnap	Rafael				
21 Hétfő	Alajos, Leila	3⁴⁷	19⁴⁵	5¹³	20⁴⁴
22 Kedd	Paulina	3⁴⁷	19⁴⁵	6²⁵	21¹⁸
23 Szerda	Zoltán	3⁴⁷	19⁴⁵	7⁴⁰	21⁴⁸
24 Csütörtök	Iván	3⁴⁸	19⁴⁵	8⁵⁸	22¹⁴
25 Péntek	Vilmos	3⁴⁸	19⁴⁵	10¹²	22²⁹
26 Szombat	János, Pál	3⁴⁸	19⁴⁵	11²⁸	23⁰⁵
27 Vasárnap	László	3⁴⁹	19⁴⁵	12⁴⁵	23³³
28 Hétfő	Levente, Irén	3⁴⁹	19⁴⁵	14⁰⁰	
29 Kedd	Péter, Pál	3⁵⁰	19⁴⁵	15¹⁶	0⁰⁴
30 Szerda	Pál	3⁵⁰	19⁴⁵	16²⁶	0⁴⁰

Mikor van a névnapja?

Mikor van a névnapod?

Mikor van a születésnapja?

Mikor van János-nap?

SZEPTEMBER — 30 nap

Napok	Névnapok, ünnepek	A Nap kelte ó. p.	A Nap nyugta ó. p.	A Hold kelte ó. p.	A Hold nyugta ó. p.
1 Szerda	Egyed, Egon	5⁰³	18²⁵	18⁰⁶	5²⁵
2 Csütörtök	Rebeka, Dorina	5⁰⁴	18²³	18²⁷	6²⁷
3 Péntek	Hilda	5⁰⁵	18²¹	18⁴⁹	7⁵⁹
4 Szombat	Rozália	5⁰⁷	18¹⁹	19¹³	8³¹
5 Vasárnap	Viktor, Lőrinc	5⁰⁸	18¹⁷	19⁴⁰	9³³
6 Hétfő	Zakariás	5⁰⁹	18¹⁵	20¹⁰	10³⁵
7 Kedd	Regina	5¹¹	18¹³	20⁴⁷	11³⁶
8 Szerda	Mária, Adrienn	5¹²	18¹¹	21³¹	12³⁰
9 Csütörtök	Ádám	5¹³	18⁰⁹	22²³	13³⁰
10 Péntek	Nikolett, Hunor	5¹⁵	18⁰⁷	23²⁴	14¹⁹
11 Szombat	Teodóra	5¹⁶	18⁰⁵	–	15⁰²
12 Vasárnap	Mária	5¹⁷	18⁰³	0³²	15⁴⁰
13 Hétfő	Kornél	5¹⁹	18⁰¹	1⁴⁶	16¹²
14 Kedd	Szeréna, Roxána	5²⁰	17⁵⁹	3⁰⁴	16⁴²
15 Szerda	Enikő, Melitta	5²¹	17⁵⁷	4²⁴	17¹⁰
16 Csütörtök	Edit	5²³	17⁵⁵	5⁴⁵	17³⁸
17 Péntek	Zsófia	5²⁴	17⁵²	7⁰⁷	18⁰⁹
18 Szombat	Diána	5²⁵	17⁵⁰	8³²	18⁴²
19 Vasárnap	Vilhelmina	5²⁷	17⁴⁸	9⁴⁷	19²¹
20 Hétfő	Friderika	5²⁹	17⁴⁶	11⁰¹	20⁰⁷
21 Kedd	Máté, Mirella	5²⁹	17⁴⁴	12⁰⁷	20⁵⁹
22 Szerda	Móric	5³¹			
23 Csütörtök	Tekla				
24 Péntek	Gellért, Mercédesz				
25 Szombat	Eufrozina, Kende				
26 Vasárnap	Jusztina				
27 Hétfő	Adalbert				
28 Kedd	Vencel				
29 Szerda	Mihály				
30 Csütörtök	Jeromos				

DECEMBER — 31 nap

Napok	Névnapok, ünnepek	A Nap kelte ó. p.	A Nap nyugta ó. p.	A Hold kelte ó. p.	A Hold nyugta ó. p.
1 Szerda	Elza	7¹¹	15⁵⁵	18⁰²	8⁵⁴
2 Csütörtök	Melinda, Vivien	7¹²	15⁵⁵	19⁰⁷	9³⁶
3 Péntek	Ferenc, Olívia	7¹³	15⁵⁴	20¹⁶	10¹²
4 Szombat	Borbála, Barbara	7¹⁴	15⁵⁴	21²⁷	10⁴³
5 Vasárnap	Vilma	7¹⁶			
6 Hétfő	Miklós				
7 Kedd	Ambrus				
8 Szerda	Mária				
9 Csütörtök	Natália				
10 Péntek	Judit				
11 Szombat	Árpád				
12 Vasárnap	Gabriella				
13 Hétfő	Luca, Otília	7²⁴			
14 Kedd	Szilárda	7²⁵	15⁵³	1⁴	18²⁵
15 Szerda	Valér	7²⁶	15⁵⁴	8²⁶	19³⁴
16 Csütörtök	Etelka, Aletta	7²⁷	15⁵⁴	9⁴⁶	20⁴²
17 Péntek	Lázár, Olímpia	7²⁷	15⁵⁴	10²²	21⁴⁷
18 Szombat	Auguszta	7²⁸	15⁵⁵	10⁴⁵	22⁵¹
19 Vasárnap	Viola	7²⁸	15⁵⁵		
20 Hétfő	Teofil	7²⁹	15⁵⁵	11⁰⁸	23⁵³
21 Kedd	Tamás	7²⁹	15⁵⁶	11³⁰	
22 Szerda	Zénó	7³⁰	15⁵⁶	11⁵³	0⁵⁵
23 Csütörtök	Viktória	7³⁰	15⁵⁷	12¹⁹	1⁵⁷
24 Péntek	Ádám, Éva	7³⁰	15⁵⁷	12⁴⁸	2⁵⁸
25 Szombat	Karácsony, Eugénia	7³¹	15⁵⁸	13²³	4⁰⁰
26 Vasárnap	Karácsony, István	7³¹	15⁵⁸	14⁰⁴	5⁰⁰
27 Hétfő	János	7³¹	15⁵⁹	14⁵⁴	5⁵⁷
28 Kedd	Kamilla	7³²	16⁰⁰	15⁵¹	6⁴⁹
29 Szerda	Tamás, Tamara	7³²	16⁰¹	16⁵⁵	7³⁴
30 Csütörtök	Dávid	7³²	16⁰²	18⁰⁵	8¹³
31 Péntek	Szilveszter	7³²	16⁰³	19¹⁷	8⁴⁶

Mikor van a születésnapod?

Mikor van Tünde-nap?

11. lecke

B

 Ünnepek

Karácsony

A karácsonyt a magyarok is hasonlóképpen ünneplik, mint a németek. Karácsonyfát állítanak fel a szobában és a fenyőt díszekkel és gyertyákkal díszítik fel. A magyar karácsonyfákról nem hiányozhat a szaloncukor sem. Karácsonykor az emberek megajándékozzák egymást. A fa alá teszik a karácsonyi ajándékokat.
Az ajándékozás után együtt ünnepel a család.

Szilveszter és újév

Az év utolsó napján, december 31-én, azaz szilveszterkor együtt ünnepelnek a barátok és a rokonok.
A fiatalok házibulit rendeznek, táncolnak, beszélgetnek. Mások bálba vagy étterembe mennek. Az idős emberek inkább otthon maradnak és tévét néznek.
Magyarországon az a szokás, hogy az emberek éjfélkor éléneklik a magyar himnuszt, utána pezsgővel koccintanak és boldog újévet kívánnak egymásnak.

Kellemes karácsonyi ünnepeket és boldog új évet!

Húsvét

Magyarországon régi húsvéti szokás a locsolás. Húsvét hétfőn a férfiak és a fiúk locsolni mennek.
Meglocsolják a lányokat, asszonyokat, mint a virágokat, hogy szépek legyenek és el ne hervadjanak.
A locsolásért a férfiak húsvéti tojást, süteményt és bort kapnak az asszonyoktól.
Falun még ma is sok helyen vízzel locsolnak. Zsupsz, egy vödör vizet öntenek a lányokra.
A városokban ma már csak pár csepp kölnivel locsolják meg a „virágszálakat".

11. lecke

1 És nálatok?

— Ti hogyan szoktátok ünnepelni a karácsonyt?

— Csak egy kis karácsonyfát veszünk, feldíszítjük gyertyákkal és díszekkel, utána együtt vacsorázunk. Vacsora után megnézzük az ajándékokat.
És ti?

— Mi minden évben elutazunk valahova és ott karácsonyozunk. Tavaly karácsonykor Ausztriában voltunk, a hegyekben.

— Mi mindig otthon töltjük az ünnepnapokat.

— . . .

Mit kaptál karácsonyra?

És te milyen ajándékokat vettél?

Mit szoktatok főzni karácsonykor?

Hol szoktatok szilveszterezni?

. . .?

Ön hol töltötte a szilvesztert?

Önöknél hogyan ünneplik a húsvétot?

Ajándékozás

Nemsokára itt a karácsony. Tamás töri a fejét, kinek mit vegyen karácsonyra.

Anyu sokat olvas, szereti az izgalmas történeteket és a regényeket. Veszek neki egy érdekes könyvet. De a zenét is nagyon szereti. Talán mégis inkább egy lemezt veszek neki.

Apu nagy színházrajongó. Különösen a vígjátékokat szereti. Veszek neki meg anyunak színházjegyet valami jó darabra.

A húgom, Csilla sokat sportol. Minden nap edzésre jár. Lehet, hogy veszek neki egy sporttáskát. Vagy talán mégis inkább egy szótárt veszek Csillának, mert nemrég kezdett el franciául tanulni.

A bátyám, Attila különböző országok receptjeit gyűjti. Talán veszek neki egy új szakácskönyvet, ha találok valami érdekeset. Vagy esetleg veszek neki fűszereket a főzéshez.

A sógornőm, Andrea sokat foglalkozik nyelvekkel, de már sok könyve és szótára van. Mit is vegyek neki? Megvan! Andreának sok külföldi barátja van, akikkel levelezik. Veszek neki valamilyen szép levélpapírt meg egy töltőtollat.

Az unokaöcsém, Peti, még csak két éves, de nagyon szeret rajzolni. Neki filctollat fogok venni.

És ön mit vesz / és te mit veszel ajándékba?

1 Meghívás

Bp., dec. 15.

Kedves Kati és János!

Köszönjük a levelet, nagyon örültünk neki. Mit csináltok szilveszterkor? Ha még nincs programotok, szeretettel meghívunk Titeket. Nagy buli lesz nálunk, sokan jönnek hozzánk. Ha van kedvetek, gyertek Ti is! Mi újság van Veletek? Nálunk minden rendben van és Nálatok? Hogy vannak a gyerekek? Sok szeretettel gondolunk Rátok és várjuk a választ.

Zsuzsa és Endre

11. lecke

Kecskemét, dec. 20

Kedves Zsuzsa és Endre!

Köszönjük a meghívást. Örömmel megyünk hozzátok szilveszterezni.
A gyerekek a nagymamánál lesznek, így el tudunk menni.
Egyébként jól vagyunk. Sokat dolgozunk és már nagyon várjuk az ünnepnapokat,
mert ránkfér egy kis pihenés.
Kellemes karácsonyi ünnepeket kívánunk Nektek.

Üdvözlettel

János és Kati

2 Mit vegyek?

— Holnap lesz Judit születésnapja. Fogalmam
sincs, mit vegyek neki. Nincs valami ötleted?
— Judit szereti a klasszikus zenét, nem? Vegyél
neki egy kazettát vagy egy CD-t.
— Nem is rossz ötlet. Vagy talán inkább
koncertjegyet veszek neki.

filctoll

hátizsák

CD

levélpapír

szakácskönyv

kazetta

lemez

szótár

virág

töltőtoll

regény

DOSZTOJEVSZKIJ
A FÉLKEGYELMŰ

A Világirodalom
Remekei

3 Senki úr

Senki úr sehol sem lakik.
Senki úrnak nincs senkije és semmije.
Soha nem megy sehova és senki sem jön hozzá sehonnan.
Senki úr sehány éves és sehol sem dolgozik.
Egyáltalán nem csinál semmit.
Lehet, hogy Senki úr nem is létezik?
Sohasem lehet tudni.

> ki – senki
> (senkit, senkinek, senkivel, . . .)
> mi – semmi
> (semmit, semmivel, . . .)
> hol – sehol
> honnan – sehonnan
> hova – sehova
> mikor – semmikor/soha
> . . .

12 Fő az egészség

A   **Testünk**

— Doktor úr, nagyon rosszul érzem magam.
— Mi baja van?
— Fáj a torkom és a fejem.
— Láza is van?
— Nem, nincs lázam.

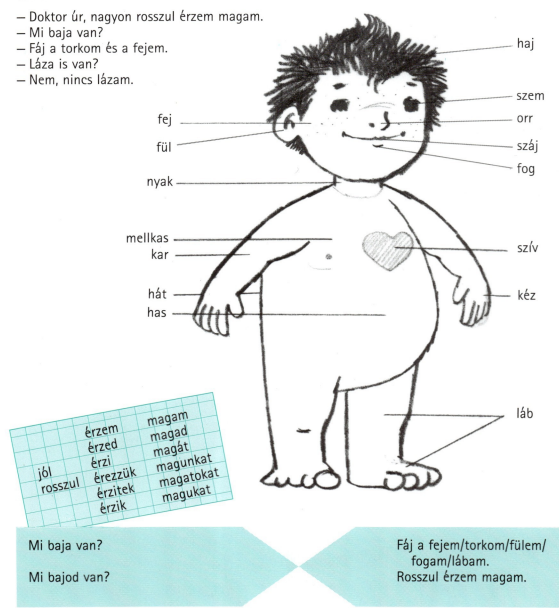

haj
szem
orr
fej
fül
száj
fog
nyak
mellkas
kar
szív
hát
has
kéz
láb

jól rosszul	érzem érzed érzi érezzük érzitek érzik	magam magad magát magunkat magatokat magukat

Mi baja van?	Fáj a fejem/torkom/fülem/ fogam/lábam.
Mi bajod van?	Rosszul érzem magam.

1 És önnek mi baja van? És neked mi bajod van?

12. lecke

2 Nem érzem jól magam

— Kati, te miért nem jössz velünk kirándulni?
— Most nincs kedvem. Nem érzem jól magam.
— Mi bajod van?
— Fáj a fejem és fáradt vagyok.

— És holnap eljössz velünk moziba?
— Még nem tudom. Talán, ha jobban leszek.
— Jó, akkor majd holnap felhívlak.
  Addig is jobbulást és pihend ki magad!
— Köszönöm.

Miért nem jössz velünk . . .?
kirándulni
vacsorázni
ebédelni
sétálni
úszni
táncolni
. . .
moziba
színházba
koncertre
. . .

Fáj a . . .
fogam
gyomrom
lábam
fejem
szemem
kezem
karom
torkom
. . .

B Az orvosnál

— Jó napot kívánok, doktornő.
— Jó napot! Mi a panasza?
— Náthás vagyok, nagyon köhögök és fáj a torkom.
— Láza is van?
— Igen, 38,4.
— Mióta beteg?
— Csak két napja, vasárnap óta.
— Jó, mindjárt megvizsgálom. Vetkőzzön le derékig! Vegyen mély lélegzetet! Mutassa a torkát!
— Á-á . . .
— Jó, köszönöm.
  Torokgyulladása van. Felírok önnek gyógyszert, naponta háromszor kell bevenni, étkezés után. Legalább 3-4 napig maradjon az ágyban, igyon forró teát és egyen sok vitamint, zöldséget, gyümölcsöt. Tessék, itt a recept.
— Köszönöm. Viszontlátásra.
— Viszontlátásra.

Mióta?	
két napja	tegnap óta
egy hete	hétfő óta
három hónapja	január óta
egy éve	1990 óta

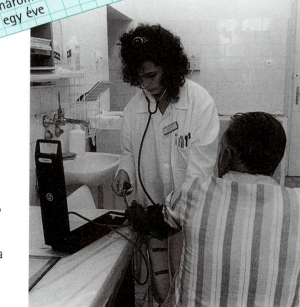

1 Kinek mit mond az orvos?

Kávé helyett igyon inkább teát!

Ne dohányozzon!

Ne igyon alkoholt!

Egyen kevesebbet!

Egyen többet és rendszeresen!

Ne egyen sok édességet!

Ne igyon kávét!

Ne egyen sok zsíros ételt!

Mosson rendszeresen fogat!

Mozogjon többet, sétáljon, sportoljon!

12. lecke

2 Mit mondott az orvos?

— Voltál az orvosnál?

— Igen.

— És mit mondott?

— Azt mondta, hogy ne dohányozzak és ne igyak kávét!

— És felírt neked valamit?

— Igen, gyógyszert is kell szednem, naponta háromszor. És persze alkoholt sem szabad innom.

— Még egy sört sem?

— Még azt sem. Meg azt is mondta, hogy nem szabad édességet és zsíros ételeket ennem, hanem fogyókúráznom kell.

— Ó, te szegény!

— Képzeld el, azt tanácsolta, hogy ne kocsival, hanem gyalog vagy biciklivel menjek a munkahelyemre. Én biciklivel?!

— Pedig nem is olyan rossz ötlet!

		dolgozni	pihenni
		dolgoz**nom**	pihen**nem**
		dolgoz**nod**	pihen**ned**
		dolgoz**nia**	pihen**nie**
kell		dolgoz**nunk**	pihen**nünk**
nem szabad		dolgoz**notok**	pihen**netek**
		dolgoz**niuk**	pihen**niük**

édességet enni

alkoholt inni

túlórázni

dolgozni

kávét inni

. . .

több gyümölcsöt enni

sokat pihenni

fogyókúrázni

felkelni

többet aludni

minden nap sétálni

kevesebbet dohányozni

3 És ön mit tanácsol a barátjának?

— Mi bajod van, Attila? Rosszul nézel ki.
— Nem érzem jól magam. Fáradt vagyok és
   állandóan fáj a fejem.
— Nem csoda, ha ilyen sokat dolgozol!
   Pihenj és aludj többet, sportolj vagy kirándulj
   a hétvégén! És főleg ne dohányozz olyan
   sokat!

> Ne dohányozz!

> Ne dolgozz olyan sokat!

> Aludj többet!

> Sportolj!

> Ne egyél zsíros ételeket!

> Ne egyél édességet!

> Ne igyál kávét!

> Mozogj! többet!

4 A papucsférj

A felesége azt mondja Ottónak, hogy vegye
be a gyógyszerét.
A feleségem azt mondja, hogy vegyem be a
gyógyszeremet.

> Ottó, idd meg a teádat!

> Ottó, vedd fel a pulóveredet! Hideg van.

> Ottó, kapcsold már ki a tévét!

> Ottó, nézd meg, mi megy a tévében ma este!

> Ottó, csukd már be az ablakot!

> Ottó, edd már meg a levest, mert kihűl!

> Ottó, vedd be a gyógyszeredet!

> Jó, máris beveszem.

> Ottó, tedd már le azt az újságot!

> Ottó, ne igyál annyit!

12. lecke

  A gyógyszertárban

— Jó napot kívánok. Nagyon fáj a fogam. Tud
adni valamilyen fájdalomcsillapítót?
— Igen, tessék. A pénztárnál kell fizetni és
utána itt kapja meg a gyógyszert.

fáj a fejem	fájdalomcsillapító
lázas vagyok	lázcsillapító
fáj a szemem	szemcsepp
nem tudok aludni	altató
elvágtam az ujjam	sebtapasz

JOBBULÁST!

 1 Telefonbeszélgetés

— Szervusz, Edit!
— Szia, Attila!
— Na, hogy érzed magad? Jobban vagy már?
— Igen, már sokkal jobban vagyok.
  De még ágyban kell maradnom egy-két
  napig.
— Ha akarod, felszaladok hozzád ma délután.
— Jó, nagyon örülök neki, ha meglátogatsz.
— Nincs szükséged valamire a gyógyszertárból?
— De igen. Hozzál, légy szíves, egy csomag
  kamillateát és orrcseppet. Még mindig
  náthás vagyok egy kicsit.
— . . .

aszpirin

C-vitamin

szemcsepp

altató

kamillatea

orrcsepp

fájdalomcsillapító

2 A hosszú élet titka

Az „Elixír" című folyóirat 90./4. egyik írása alapján

D. Sándorné, Juliska néni 86 éves. Nem a halált várja, hanem az életre gondol. Most arról mesél nekünk, mi a hosszú élet titka, hogyan lehet magas kort megérni.

5 Fiatalkorában Juliska néni sokáig nagyon beteg volt. 33 éves korában azonban új életet kezdett.

— Meggyógyultam és azóta sem voltam beteg, mert úgy élek, hogy ne betegedjek meg. Én 86 10 éves vagyok, de a mai napig is mindent megcsinálok a ház körül, takarítok, ablakot pucolok, bevásárolok.

Ötvenhárom éve nem eszem sem húst, sem zsírt. Főleg zöldséget és gyümölcsöt fogyasztok, 15 néha egy kis levest vagy főzeléket. De igyekszem úgy főzni, hogy a vitamin benne maradjon az ételben.

Semmit nem eszem, amiben tartósító van és sóból is nagyon keveset fogyasztok.

20 Manapság az emberek nagyon egészségtelenül táplálkoznak, sok húst, zsírt és kevés vitamint fogyasztanak.

Az emberek mai életmódjánál nem csoda, ha olyan sok a beteg ember. És sokszor az orvosok 25 sem tudnak segíteni. A betegséget meg kell előzni.

Nagyon fontos az egészséghez a légzés és a torna is. Én 1946 óta jógázom, a mai napig is minden nap tornázom, jógázom egy-két órát. 30 Így lehet sokáig, betegségek nélkül, erőben és egészségben élni.

Mit tanácsol nekünk Juliska néni?

Azt tanácsolja nekünk, hogy egészségesen éljünk, hogy ...

Mit . . .?

13 Mit vegyek fel?

A

Ruhák

Ildikó
- blúz
- blézer kosztüm
- szoknya kosztüm
- harisnyanadrág
- cipő

Gábor
- pulóver
- farmernadrág
- zokni
- tornacipő

Anna
- sapka
- sál
- dzseki
- kesztyű
- csizma

Tünde
- kalap
- ruha
- szandál

György
- kalap
- nyakkendő
- ing
- zakó öltöny
- kabát
- nadrág öltöny

Mi van Ildikón?	Ildikón kosztüm, blúz és harisnyanadrág van.
Mit visel Gábor?	Gábor pulóvert, farmernadrágot és tornacipőt visel.

És ön mit visel? / És mi van rajtad?

1 Kié?

— Kié ez a kabát? A tied?
— Nem, az enyém fekete.
— Akkor biztos Péteré.
— Igen, azt hiszem, az övé.

— Kié ez az autó? A tietek?
— Nem, nem a mienk. A mienk fehér, nem zöld.
— Akkor biztos Péteréké.
— Igen, az övék.

— Jó napot kívánok. Az önöké az az autó?
— Igen, a mienk. Miért?
— Mert rossz helyen parkol.

enyém	
tied	enyéim
övé	tied
öné	övéi
mienk	önéi
tietek	mieink
övék	tieitek
önöké	övéik
	önökéi
Péteré	
	Péteréi

Kié ez a kabát/kalap/kesztyű/…?	Az enyém./Zsuzsáé.
Az öné ez az autó?	Igen, az enyém.
A tied ez a cipő?	Nem, nem az enyém.

B **Az áruházban**

— Jó napot kívánok. Egy kosztümöt szeretnék venni. Valami modernet.
— Hányas méret?
— 38-as.
— Próbálja fel ezt, például! Olasz modell, nagyon divatos.
— Nem, köszönöm. Nem szeretem a kockásat.

— Van egyszínű is, ugyanaz a fazon, vajszínű, szürke vagy fekete.
— Talán egy szürkét. Mennyibe kerül?
— 3200 forint.
— Hol lehet felpróbálni?
— Ott hátul van a próbafülke. Tessék.
. . .

olcsó	rövid	világos
olcsóbb	rövidebb	világosabb
legolcsóbb	legrövidebb	legvilágosabb

— Sajnos kicsi. A szoknya szűk és a blézer is rövid egy kicsit. Tud adni egy számmal nagyobbat?
— Igen, tessék parancsolni.
. . .
— Ezt a kosztümöt kérem.
— Elöl, a pénztárnál lehet fizetni.
— Viszontlátásra.

Cipőboltban

— Jó napot kívánok.
— Jó napot. A kirakatban láttam egy szép barna félcipőt, 2490 forintért. Van belőle 42-es méretben?
— Igen, van.
— Akkor szeretném felpróbálni.
— Tessék.

— Sajnos, ez a cipő nagy a lábamra. Tud adni egy számmal kisebbet?
— Nem, sajnos már csak 42-es méretben van.
— Tud ajánlani valami hasonlót?
— Igen, ezt például. Tessék, próbálja fel!
— Igen, ez jó lesz. És még olcsóbb is, mint a másik.

 1 Melyik az olcsóbb? Melyik a drágább?

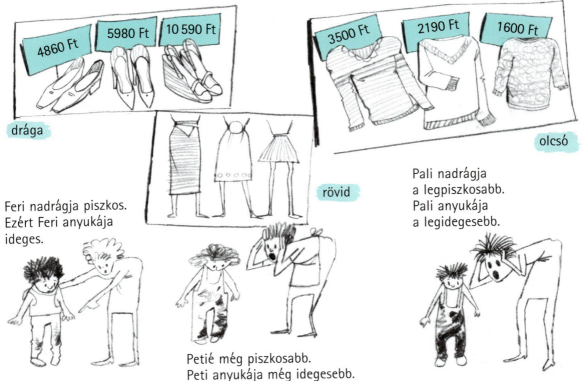

4860 Ft   5980 Ft   10 590 Ft

3500 Ft   2190 Ft   1600 Ft

drága

olcsó

rövid

Feri nadrágja piszkos. Ezért Feri anyukája ideges.

Petié még piszkosabb. Peti anyukája még idegesebb.

Pali nadrágja a legpiszkosabb. Pali anyukája a legidegesebb.

13. lecke

2 Melyiket válasszam? Hasonlítsuk össze!

– Melyik kalapot válasszam? Ez a barna egyszerűbb és olcsóbb is, mint a másik, de az a fekete sem rossz. Szerinted melyik áll jobban nekem?

– Szerintem a feketét vedd meg inkább. Igaz, hogy az drágább, de elegánsabb a barnánál.

> olcsóbb, **mint** a/az/egy . . .
> olcsóbb a/az/egy . . .-**nál/-nél**

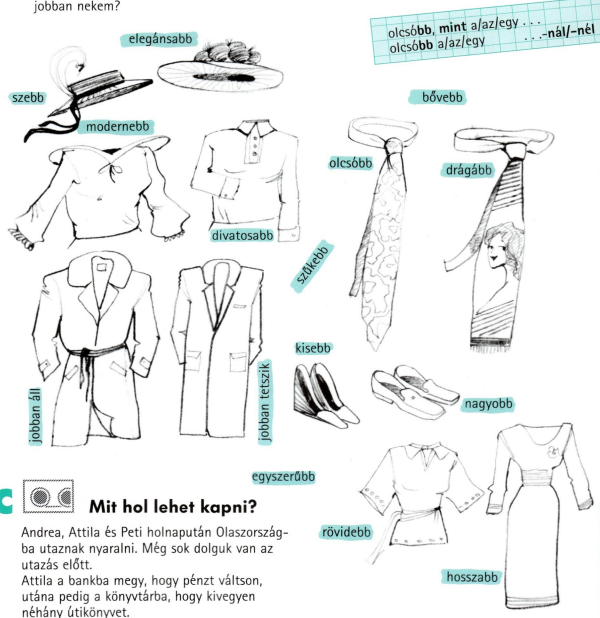

elegánsabb

szebb

modernebb

bővebb

olcsóbb

drágább

divatosabb

szűkebb

kisebb

jobban áll

jobban tetszik

nagyobb

egyszerűbb

rövidebb

hosszabb

C Mit hol lehet kapni?

Andrea, Attila és Peti holnapután Olaszországba utaznak nyaralni. Még sok dolguk van az utazás előtt.
Attila a bankba megy, hogy pénzt váltson, utána pedig a könyvtárba, hogy kivegyen néhány útikönyvet.

Andrea pedig Petivel együtt az áruházba megy, hogy vásároljon még néhány fontos dolgot az útra.
Mit is kell vennie?

— Elnézést, meg tudja mondani, hányadik emeleten lehet kapni gyerekcipőt?
— A második emeleten jobbra.
— És napszemüveget?
— Itt a földszinten, a bejáratnál.
— Köszönöm.

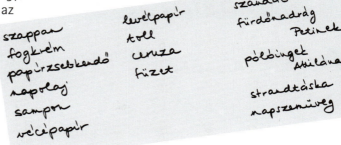

szappan
fogkrém
papírzsebkendő
napolaj
sampon
velcépapír

levélpapír
toll
ceruza
füzet

szandál
fürdőnadrág Petinek
pólóinget Attilának
strandtáska
napszemüveg

1 Hányadik emeleten lehet kapni?

 zokni

 toll

 kosztüm

 hűtőszekrény

füzet

 ...

mosógép

lemez

 kazetta

kölni

 férfi cipő

 női kabát

 lámpa

 porszívó

FÖLDSZINT
ÉLELMISZER SZABADIDŐRUHÁZAT ILLATSZER—AJÁNDÉK
JUTA ÓRÁK FOTÓCIKKEK RÖVID—FONALÁRU BŐRDÍSZMŰ
HARISNYA—ZOKNI BÉBI CIKKEK DÍSZCSOMAGOLÁS

SZOLGÁLTATÁSOK: CSOMAGMEGŐRZŐ—AJÁNDÉKUTALVÁNY
IRATMÁSOLÁS MISTER MINIT BUDAPEST TOURIST VIRÁG
BÜFÉ FAGYLALTOZÓ

I. EMELET
NŐI KONFEKCIÓ FÉRFI KONFEKCIÓ GYERMEK KONFEKCIÓ
IFJÚSÁGI RUHÁZAT NŐI DIVAT FÉRFI DIVAT

SZOLGÁLTATÁSOK: NÉVTÁBLAKÉSZÍTÉS CIPZÁRKÉSZÍTÉS
ERNYŐJAVÍTÁS COMPUTERES SZEMVIZSGÁLAT ÉKSZERSZALON
FÜLLYUKASZTÁS HÍRLAP
SZEMFELSZEDÉS KÉPKERESKEDÉS
NŐI WC KOLESZTERIN ÉS VÉRNYOMÁSMÉRÉS

II. EMELET
MÉTERÁRU—LAKÁSTEXTIL SPORT—JÁTÉK ACTIVE SPORT
OLCSÓ SAROK CIPŐ
SZOLGÁLTATÁSOK: MÉRTÉKSZABÓSÁG FOTÓ—VAKU SZERVIZ
GYÓGYNÖVÉNY HÁZIVARRÓNŐ ÓRAJAVÍTÁS BKV BÉRLET
FÉRFI WC

III. EMELET
MŰSZAKI CIKKEK KLUDI SZALON HOBBY CIKKEK BÚTOR
HÁZTARTÁSI CIKKEK ÜVEG—EDÉNYÁRU

SZOLGÁLTATÁSOK: NŐI—FÉRFI FODRÁSZAT
NEPTUN

GAULOISES BLONDES

2 Hova mész? Hova mentek?

— Hova mentek?
— A Skála Áruházba megyünk, hogy vegyünk a fiamnak egy új kabátot.

mozi	megnézni egy új filmet
étterem	találkozni Róbertékkel
múzeum	megnézni az új kiállítást
játékbolt	ajándékot venni Katinak
posta	feladni egy csomagot Budapestre

14 Posta, telefon, bank

A 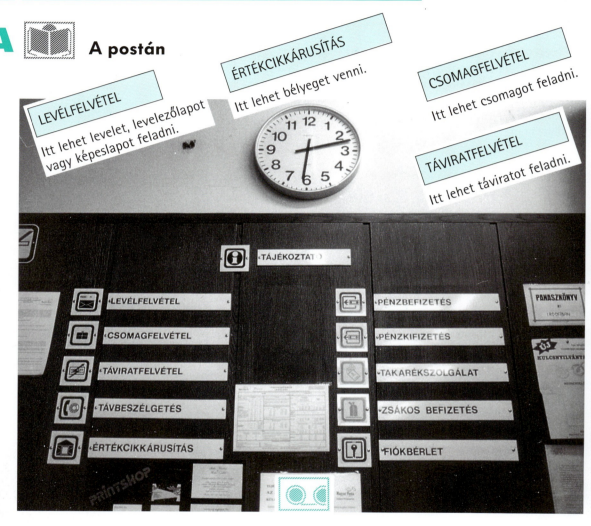 **A postán**

LEVÉLFELVÉTEL
Itt lehet levelet, levelezőlapot vagy képeslapot feladni.

ÉRTÉKCIKKÁRUSÍTÁS
Itt lehet bélyeget venni.

CSOMAGFELVÉTEL
Itt lehet csomagot feladni.

TÁVIRATFELVÉTEL
Itt lehet táviratot feladni.

TÁJÉKOZTATÓ

LEVÉLFELVÉTEL

CSOMAGFELVÉTEL

TÁVIRATFELVÉTEL

TÁVBESZÉLGETÉS

ÉRTÉKCIKKÁRUSÍTÁS

PÉNZBEFIZETÉS

PÉNZKIFIZETÉS

TAKARÉKSZOLGÁLAT

ZSÁKOS BEFIZETÉS

FIÓKBÉRLET

PANASZKÖNYV

KULCSNYILVÁNT

ÚJ

— Jó napot kívánok. Egy levelet szeretnék feladni Németországba. Hány forintos bélyeg kell rá?
— 45 forintos.
— Meg tudja mondani, mennyi ideig megy egy levél Németországba?

— Sajnos, nem tudom pontosan megmondani. Talán öt-hat napig. De ha sürgős, akkor küldje inkább légipostán vagy expressz.
— Jó, akkor legyen expressz.
— 65 forint.
— Tessék. Csomagot is itt lehet feladni?
— Nem, a másik ablaknál.
— Köszönöm.

Levelet írok

Miután megírtam a levelet, beleteszem a levélpapírt egy borítékba és bélyeget ragasztok rá.

Ráírom a borítékra a címzett nevét, címét és irányítószámát.
A bal felső sarokba írom a feladó nevét és címét, azaz a saját nevemet és címemet.
Utána bedobom a levelet a postaládába.

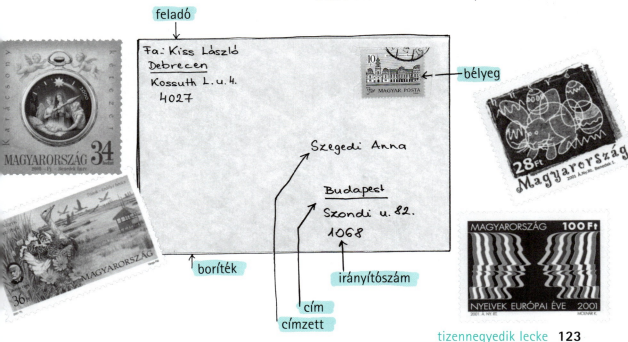

Távirat

— Jó napot kívánok. Táviratot
szeretnék feladni Berlinbe.
— Töltse ki, kérem, ezt a táviratlapot. Tessék.
— Mennyibe kerül egy szó?
— 20 forintba.
— Köszönöm.

Díj:		**POSTAFAX** **TÁVIRAT** **Magyar Posta**		A feladót tájékoztattam: _____ (felvevő aláírása)			
FAX:			(◡)	Továbbította:			
				munkahely	postához	nap	óra, perc
Felvevőhivatal:	Pénztári szám:	Szószám:	Nap	Óra, perc	Megjegyzés:	Hivatalos előjegyzések:	

Kérjük címezzen nyomtatott betűkkel – saját érdekében – pontosan, részletesen!	Különleges jelzés:		(A címzett száma): FAX: _____ TEL: _____	
	Címzett neve:	ANKE SCHUBERT		
	Pontos közelebbi cím (utca, tér, házszám, emelet, ajtó):	HAUPTSTR. 15		
	Város, község neve és irányítószáma:	D–10827 BERLIN		

Szöveg:

Kedden délelött érkezem
a 10.45-ös géppel a
schönefeldi repülötérre.

Jánas

A feladó neve, címe, telefonszáma, telefaxszáma:

Nagy János
Budapest, Mester u.57., 1095
Tel.: 1145-223

1 Mi mennyibe kerül?

— Hány forintos bélyeg kell egy képeslapra Ausztriába?
— 10 forintos.

— Jó napot kívánok. Egy kis csomagot szeretnék feladni Németországba. Meg tudja mondani, mennyibe fog kerülni?
— 250 grammig 80 forint.

képeslap → Ausztria

újságok → Hollandia

2 könyv → Svájc

kis csomag → Németország

expressz levél → Budapest

levél → Csehország

csomag, 2 kg → Ausztria

. . . → . . .

levelezőlap → Románia

— Az irányítószámot meg majd a postai dolgozók bogarásszák elő a drága munkaidejükben?!

Magyar Posta

POSTAI DÍJAK (KIVONAT)

Érvényes: 2001. január 1-jétől.

BELFÖLD

	helyi	távolsági
Szabványméretű (30 g-ig 114 x 162 mm, 110 x 220 mm)	31,–	36,–
Egyéb levél	100 g-ig 54,– 350 g-ig 74,– 500 g-ig 87,–	58,– 78,– 90,–
Levelezőlap, képes levelezőlap	28,–	28,–

Csomag

	Csomag súlydíja	Szabványcsomag súlydíja
5 kg-ig	400,–	400,–
15 kg-ig	480,–	440,–
20 kg-ig	540,–	480,–

Különszolgáltatások belföldre és külföldre

Ajánlott	88,–
Biztosított ajánlott pótdíja	170,–
Expressz	170,–
Gyorsan romló csomag	27,–
Légiposta – levél, levelezőlap 10 g-onként / – egyéb levélposta 20 g-onként	17,–

KÜLFÖLD

	Közvetlen szomszédos országok (Ausztria, Cseh és Szlovák Köztársaság, Horvátország, Jugoszlávia, Románia, Szlovénia, Ukrajna)	Egyéb külföld
Levél	szabványméretű 20 g-ig 36,–	
Egyéb	20 g-ig 130,– 100 g-ig 240,– 250 g-ig 550,–	20 g-ig 150,– 100 g-ig 270,– 250 g-ig 600,–
Levelezőlap, képes levelezőlap	28,–	100,–
Nyomtatványok		
Hírlap, nyomtatott füzet	100 g-ig 170,– 150 g-ig 250,– 250 g-ig 370,–	100 g-ig 250,– 250 g-ig 330,– 500 g-ig 480,–
Könyv	2000 g-ig azonos a hírlap és nyomtatott füzet díjával 3 000 g-ig 3 960,– 4 000 g-ig 5 280,– 5 000 g-ig 6 600,–	
Kiscsomag	250 g-ig 500,– 500 g-ig 800,– 1 000 g-ig 1 400,– 2 000 g-ig 2 700,–	

Biztosítsa küldeményét – adja fel értékküldeményként!

14. lecke

B   **Telefonálni szeretnék**

— Elnézést, külföldre szeretnék telefonálni, de nem tudom az ország hívószámát. Meg tudja mondani nekem Németország és Svájc hívószámát?

— Igen, természetesen. Először két nullát kell tárcsázni, ha külföldre telefonál, majd a búgó hang után tárcsázhat tovább. Németország hívószáma 49, Svájcé pedig 41.

— Köszönöm. Még egy kérdésem lenne. Hány forintos érmékkel lehet telefonálni?

— Tíz- és húszforintosokkal. De egyszerűbb, ha vesz egy telefonkártyát, akkor nem kell annyi aprópénzt bedobnia. Tessék. Ez a telefonkártya 50 egységes, 250 forintba kerül.

— Akkor kérek kettőt.

> **-hat/-het**
>
> telefonál**hat**
> kérdez**het**

 1 Mennyi Németország hívószáma?

— Meg tudja mondani Németország hívószámát?
— Igen. 00-49.
— Köszönöm.

Anglia	0044	Hollandia	0031
Ausztria	0043	Lengyelország	0048
Belgium	0032	Magyarország	0036
Dánia	0045	Németország	0049
Franciaország	0033	Olaszország	0039
Görögország	0030	Svájc	0041

Telefonbeszélgetés

— Halló. Utazási iroda.
— Jó napot kívánok. A 105-ös melléket kérném.
— Rögtön kapcsolom.
— Halló. Jó napot kívánok. Nagy László vagyok.
  Kovács Judittal szeretnék beszélni.
— Judit ma nincs bent. Szabadnapos. De
  holnap bent lesz.
— Köszönöm. Akkor majd holnap felhívom.
  Viszonthallásra.
— Viszonthallásra.

Téves kapcsolás

— Halló?
— Szia, Kati! Hogy vagy?
— Köszönöm, jól. És te?
— Én is. Már meggyógyultál?
— Igen, már teljesen egészséges vagyok.
— Akkor ma este elmehetnénk moziba.
— Jó, menjünk.
— Van két jegyem a Corvin moziba, az
  Amadeus-ra.
— De hiszen azt együtt láttuk a múlt héten!

— Hogyhogy? Nem értem. ... Nem Szabó
  Katalinnal beszélek?
— Nem. Rossz számot hívott. Én Nagy Katalin
  vagyok.
— Nem 114-3598?
— Nem. 114-3599. Nagy-lakás.
— Kár. Pedig milyen jól elbeszélgettünk.

 ## 2 Hívja fel az ismerőseit a munkahelyükön!

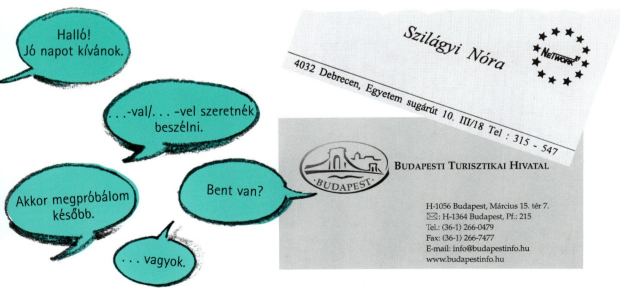

Halló!
Jó napot kívánok.

. . .-val/. . . -vel szeretnék
beszélni.

Akkor megpróbálom
később.

Bent van?

. . . vagyok.

Szilágyi Nóra

★★★ NETWORK ★★★

4032 Debrecen, Egyetem sugárút 10. III/18 Tel : 315 - 547

BUDAPESTI TURISZTIKAI HIVATAL

H-1056 Budapest, Március 15. tér 7.
✉: H-1364 Budapest, Pf.: 215
Tel.: (36-1) 266-0479
Fax: (36-1) 266-7477
E-mail: info@budapestinfo.hu
www.budapestinfo.hu

14. lecke

A bankban

— Jó napot kívánok. Eurót
szeretnék beváltani forintra.
Mennyi most az árfolyam?

— 100 euróért fizetünk 26 520 forintot.

— Váltson be nekem, legyen szíves, 200 eurót!

— Tessék. Ezzel a sorszámmal a pénztárban
kapja meg az összeget.

— Köszönöm.

AZ MNB DEVIZAÁRFOLYAMAI

Devizanem	Árfolyam
ATS	19,39
AUD	146,16
BEF (100)	661,43
CAD	188,78
CHF	174,54
CZK	7,70
DEM	136,42
DKK	35,75
ESP (100)	160,36
EUR	266,82
FIM	44,88
FRF	40,68
GBP	423,93
IEP	338,79
ITL (1000)	137,80
JPY (100)	237,93
NLG	121,08
NOK	32,81
PLZ	73,83
PTE (100)	133,09
SEK	29,23
SKK	6,13
USD	296,60

ORSZÁGOS
TAKARÉKPÉNZTÁR
ÉS KERESKEDELMI BANK Rt.

Az MNB hivatalos devizaárfolyamai, 2001. január 29. – február 2.

Egy-ség	Devizanem	Forint*	USD = 1,0	Forint		Változás %-ban**
				min.	max.	
1	angol font (GBP)	418,06	1,466***	414,11	422,44	+0,33
1	ausztrál dollár (AUD)	156,18	1,825	155,27	156,87	−0,16
100	belga frank (BEF)	657,41	43,370	657,24	657,59	+0,06
1	cseh korona (CZK)	7,62	37,417	7,61	7,65	+0,66
1	dán korona (DKK)	35,54	8,023	35,51	35,55	+0,11
1	euró	265,20	0,930***	265,13	265,27	+0,06
1	finn márka (FIM)	44,61	6,391	44,59	44,62	+0,07
1	francia frank (FRF)	40,43	7,052	40,42	40,44	+0,07
100	görög drachma (GRD)	77,83	366,336	77,81	77,85	+0,07
1	holland forint (NLG)	120,34	2,369	120,31	120,37	+0,08
1	ír font (IEP)	336,73	1,181***	336,65	336,82	+0,06
100	japán jen (JPY)	245,60	116,091	241,72	248,84	+0,89
1	kanadai dollár (CAD)	190,10	1,500	187,84	192,94	+0,67
100	luxemburgi frank (LUF)	657,41	43,370	657,24	657,59	+0,06
1	lengyel zloty (PLN)	69,71	4,090	69,22	70,19	+0,85
1	német márka (DEM)	135,59	2,103	135,56	135,63	+0,06
1	norvég korona (NOK)	32,35	8,814	32,27	32,40	+0,05
1000	olasz líra (ITL)	136,96	2081,770	136,93	137,00	+0,50
1	osztrák schilling (ATS)	19,27	14,796	19,27	19,28	+0,05
100	portugál escudo (PTE)	132,28	215,543	132,25	132,32	+0,05
100	spanyol peseta (ESP)	159,39	178,882	159,35	159,43	+0,06
1	svájci frank (CHF)	173,59	1,642	172,88	174,61	+0,23
1	svéd korona (SEK)	29,91	9,533	29,80	30,05	+0,74
1	szlovák korona (SKK)	6,07	46,972	6,06	6,08	0
1	USA-dollár (USD)****	285,12	1,000	281,19	289,70	+0,09

A devizajogszabályok alkalmazásában konvertibilis deviza még: izlandi korona (ISK), koreai won (KRW), mexikói peso (MXN), török líra (TRI), új-zélandi dollár (NZD).
*Az ötnapi jegyzésből súlyozott heti átlag. Az euróállamok nemzeti valutáinak forintárfolyama tájékoztató árfolyam. **Az előző hetihez képest. 2000. április 1-jétől hétfőn, kedden, szerdán, pénteken 0,0098%, csütörtökön 0,0294% leértékelés mellett (csúszó, rögzített árfolyamok). ***Inverz (1 angol font, 1 ír font, ill. 1 euró = X USD). ****A tárgy-időszakban az MNB hivatalos USD–HUF devizaárfolyamai –2,223% és –2,245% között mozgó mértékben tértek el az intervenciós centrumárfolyamtól.

Levelezés

Balatonföldvár, júl. 5

Kedves Jutta!

Már egy hete a Balatonnál nyaralok.
A múlt héten letettem az utolsó vizsgámat is az
egyetemen és most két hónapig szabad vagyok.
A szüleim Pesten vannak, dolgoznak, így most egyedül
vagyok a balatoni házban.
Nem lenne ilyen unalmas, ha Te is itt lennél. Elmehetnénk
kirándulni, biciklizni, fürödni.
Képzeld, én is elkezdtem tanulni németül. Ha már
olyan jól tudnék németül, mint Te magyarul, akkor
németül írtam volna Neked.
Írd meg pontosan, hogy melyik repülőgéppel érkezel
és várni foglak a repülőtéren.

Szia
Attila

	I.		II.	
én	tudnék	szeretnék	tudnám	szeretném
te	tudnál	szeretnél	tudnád	szeretnéd
ő/ön	tudna	szeretne	tudná	szeretné
mi	tudnánk	szeretnénk	tudnánk	szeretnénk
ti	tudnátok	szeretnétek	tudnátok	szeretnétek
ők/önök	tudnának	szeretnének	tudnák	szeretnék

Berlin, júl. 16.

Kedves Attila!

Nagyon örültem a leveledet, meg annak is, hogy tanulsz németül.

Sajnos csak két hét múlva tudok elutazni, addig még nagyon sok dolgom van. Ha több szabadidőm lenne, többet tanulnék és olvasnék magyarul. Remélem, még nem felejtettem el mindent. De majd a Balatonnál sokat beszélgetünk és akkor megint belejövök.

Ha még szükséged lenne valamire, írjál vagy telefonálj.

A repülőjegyet már megvettem. Július 30-án délelőtt 11.15.-kor érkezem a Ferihegy II. repülőtérre.

Remélem, addig nem fogsz nagyon unatkozni a Balatonnál.

Üdvözlettel:

Jutta

NUSINÁKNÉ

HA CSAK AZ ALKOHOLT ÉS A CIGARETTÁT EMELNÉK, MARADNA PÉNZ BENZINRE,

HA A BENZINT ÉS AZ ALKOHOLT EMELNÉK, MARADNA PÉNZ CIGARETTÁRA,

DE HA MIND A HÁRMAT FELEMELIK, CSAK ALKOHOLRA MARAD...

1 Mi lenne, ha . . .?

Mit csinálna most Attila, ha Jutta is vele lenne?

És mit csinálna Jutta, ha több szabad ideje lenne?

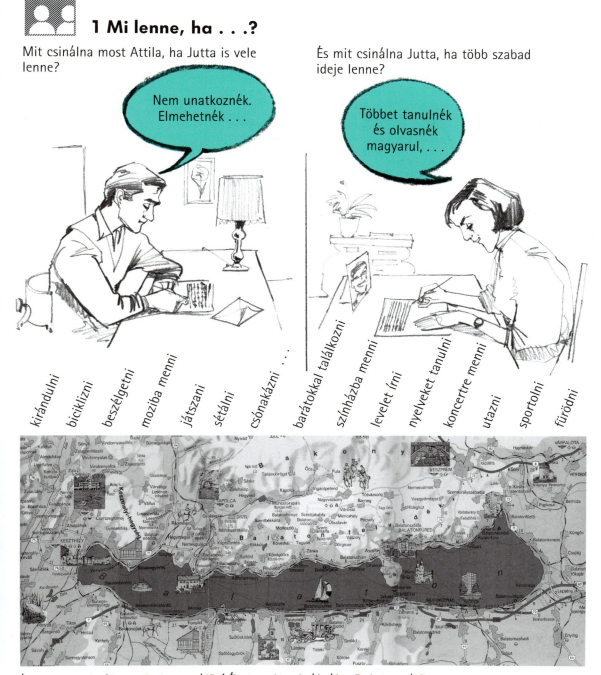

kirándulni   biciklizni   beszélgetni   moziba menni   játszani   sétálni   csónakázni . . .   barátokkal találkozni   színházba menni   levelet írni   nyelveket tanulni   koncertre menni   utazni   sportolni   fürödni

És ön mit csinálna a Balatonnál? / És te mit csinálnál a Balatonnál?
És ön mit csinálna, ha több szabad ideje lenne? / És te mit csinálnál, ha több szabad időd lenne?

14. lecke

2 A mesékben gyakran szerepel egy tündér vagy egy szellem, aki teljesíti az ember három kívánságát. Ha most eljönne ez a tündér vagy szellem, ön mit kívánna?

> Jó lenne, ha sok szabad időm lenne.

> Én azt kívánnám, hogy . . .

> . . .

> Szeretném, ha sokat utazhatnék külföldre.

> Szeretném, ha lenne egy kertes házam.

3 Melyik képhez melyik szöveg tartozik?

Ha taxival mentünk volna, most nem késtünk volna el az előadásról.

Ha nem ettél volna olyan sokat, most nem lennél rosszul.

Ha nem esett volna az eső, kirándulni mentünk volna.

Ha nem most lenne a focimeccs a tévében, apuka játszana veled.

Ha nem lennék beteg, elmennék veletek Visegrádra.

15 Autóval megyünk

 A határon

A

— Jó napot kívánok. Útlevélvizsgálat. Az útleveleket kérem.
— Tessék.
— Mindnyájan német állampolgárok?
— Igen.
— Vettek valami vámköteles árut?
— Nem, csak apróságokat vettünk.
— Rendben van. Köszönöm. Jó utat kívánok!

 1 Bomba *(Karinthy Ferenc)*

— Elvámolnivaló? — lép oda kocsimhoz udvarias tisztelgéssel a szürke egyenruhás vámőr.
— Semmi.
— Na jó. Szíveskedjék kinyitni a csomagtartót.
— Szíveskedem.
— Rendben. Abban a piros bőröndben mi van?
— Bomba.
— Gomba? — kapja föl a fejét, arcvonásai elkomorulnak, megkeményednek. — De hisz azt legszigorúbban tilos az ország területére . . . Csakis különleges, hivatalos engedéllyel, mert a gomba . . .
— Nem gomba, rosszul tetszett érteni. Bomba.
— Ja úgy, bomba — nyugszik meg, széles, nyájas mosollyal, ismét tiszteleg. — Be lehet csukni, köszönjük szépen. További jó utat.

133

15. lecke

B **Benzinkútnál**

— Normál— vagy szuperbenzint kérnek?
— Szupert. Tele kérem.
— 3150 forint lesz.
— Megmérné a gumik nyomását is? Sok csomagunk van és még hosszú út áll előttünk.
— Természetesen. Elöl 1,6 . . . hátul pedig 2,0.
— Jó, akkor rendben van. Köszönjük. Viszontlátásra.
— Viszontlátásra. Jó utat!

Az autó részei

jogosítvány

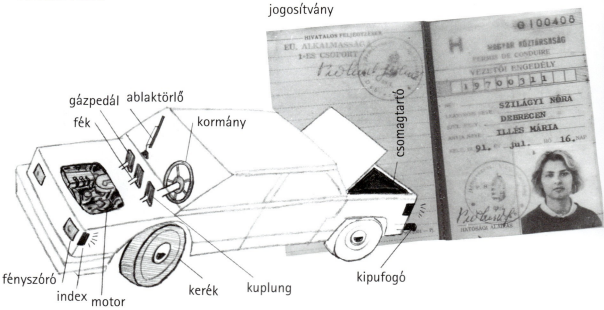

gázpedál ablaktörlő
fék   kormány
csomagtartó
fényszóró
index motor kerék kuplung kipufogó

Mi a probléma a kocsival?	Nem indul be a motor. Elromlott a fék/az ablaktörlő.
	Nem működik a fék/az index.

— Tele?

1 Az autószerelőnél

— Mi a probléma a kocsival?
— Nem indul be a motor. Valami baj van a gyújtással.
És az index sem működik. Kész őrület ezzel a kocsival! Minden héten bedöglik.
— Mindjárt megnézem, hol van a hiba.
— Meg tudja csinálni holnapig?
— Remélem. Holnap délután lehet értejönni.
— Mennyibe fog kerülni a javítás?
— . . .

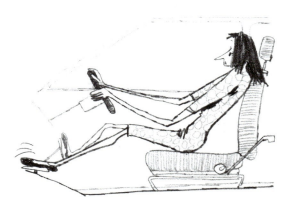

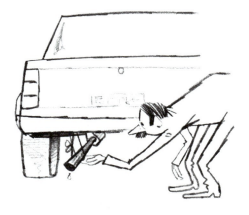

15. lecke

C Most mit csináljunk?

— Most mit csinálunk?
— Megcsináltatjuk az autót a szerelővel és addig keresünk valahol egy szobát éjszakára. Talán holnapra kész lesz a kocsi és akkor indulhatunk tovább.
— Ott, azon a házon van egy tábla: Szoba kiadó.

. . .

— Jó napot kívánok. Kiadó szobát keresünk ma éjszakára. Elromlott a kocsink és így kénytelenek vagyunk itt éjszakázni.
— Jöjjenek be, kérem! Van egy kétágyas szobám. Sajnos fürdőszoba nincs hozzá, csak mosdó és vécé.
— Nem baj, egy éjszakára ez is megteszi. Mennyibe kerül ez a szoba egy éjszakára?
— 950 forint.
— Jó, akkor kivesszük ezt a szobát.

1 Szobát keresünk

— Van még kiadó szobájuk ma éjszakára?
— Igen, még van néhány.
— Egy kétágyas szobát szeretnénk kivenni, ha lehet, fürdőszobával.
— Van egy kétágyas szobánk a második emeleten, de az az utcára nyílik, tehát elég zajos. A másik szoba a belső udvarra nyílik, ez az ötödik emeleten van.
— Akkor inkább az ötödik emeleti szobát kérjük.
— Reggelit is kérnek?
— Igen.

-at/-et/-tat/-tet

várat
megnézet
csináltat
kerestet

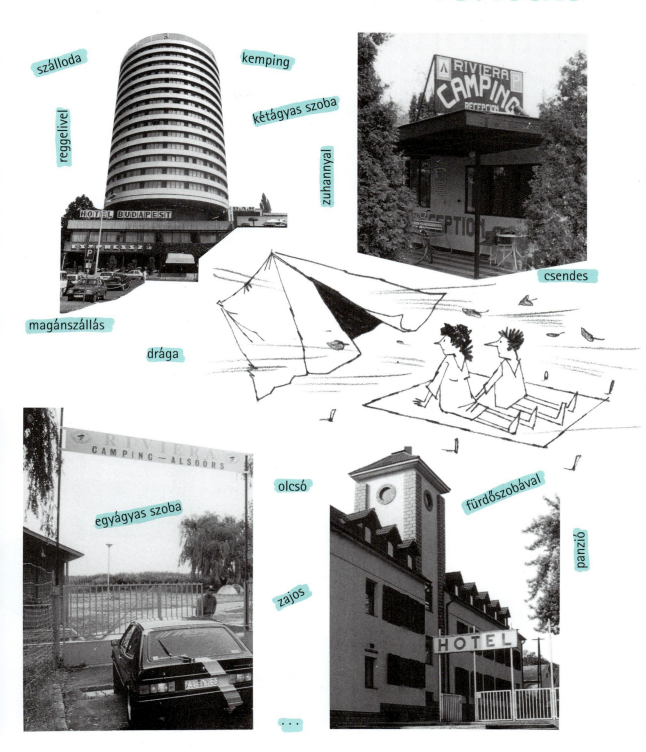

szálloda

kemping

reggelivel

kétágyas szoba

zuhannyal

csendes

magánszállás

drága

olcsó

fürdőszobával

egyágyas szoba

panzió

zajos

...

15. lecke

2 Hol töltjük a hétvégét?

Menjünk a Hiltonba!

Ez a szálloda nagyon szép helyen van.

Hol töltjük a hétvégét?

Hotel ***
Mátra
Gyöngyös

ℎ HungarHotels

HOTEL FLÓRA
/PANZIÓ I.O. KATEGÓRIA/

3519 MISKOLC-TAPOLCA
MARTOS FLÓRA ÚT 35.
TEL:06-46/68-116 RECEPCIÓ,
TELEX:62-203 /FÖLDGÉP/

Töltse a Húsvéti Ünnepeket
a felújított **HAJDÚSZOBOSZLÓI**
HÉLIOS CLUB HOTELBEN

április 9–16-ig, 7 éjszakás turnus
teljes ellátással   30 900 Ft/fő
április 16-tól május 11-ig, 5 éjszakás
turnusok folyamatosan, beosztás szerint,
teljes ellátással   18 000 Ft/fő

Jelentkezni: **Napfény Hotels Kft.**
1121 Budapest, Eötvös út 41.

Telefon: 275-5679, 395-6586
Ügyfélszolgálati iroda:
1052 Budapest, Pesti Barnabás u. 6.
Telefon: 318-3051, 318-3543

TIHANY
Hotel Panoráma ***

Maradjunk inkább itthon!

Ez a szálloda nagyon drága.

Mit lehet ott csinálni?

Inkább utazzunk Sopronba!

...

Dátum	ÜDÜLÉSEK (7 éj / szombati váltás)	
	Alapágyon Ft/fő	1 fős felár
VI.24-IX.02.	41.990,- 51.530,-	34.940,-

Stopposok

 D

Ön szokott felvenni stopposokat?

Igen. Ha egyedül utazom, gyakran fel szoktam venni egy vagy két embert. Elbeszélgetünk egy kicsit és így gyorsabban telik az idő.

Nekem nincs autóm, de ha lenne, minden stoppost felvennék. Én is gyakran megyek stoppal és tudom, mit jelent az, órák hosszat állni az országúton.

Isten őrizz! Már annyi rosszat hallottam, valóságos rémtörténeteket. Sohasem lehet tudni, ki az, akit felvesz az ember. Én félek, megmondom őszintén.

Én mindig felveszem a stopposokat, ha van hely a kocsiban. Miért ne? Örülök, ha új embereket ismerhetek meg.

Nem. Az én kocsimba idegen nem szállhat be. Ha valami történik, én vagyok a felelős.

És ön? Önnek mi a véleménye? / És te? Neked mi a véleményed?

15. lecke

1 Különböző vélemények. Vitatkozzunk!

Pro

Szeretek új embereket megismerni.
Szeretek beszélgetni. Egyedül unalmas a kocsiban.
Ha van hely a kocsiban, miért ne?

Kontra

Idegeneket nem veszek fel. Az túl nagy rizikó. Sohasem lehet tudni, kit vesz fel az ember.
Ha baleset történik, én vagyok a felelős.

Négyszemélyes bicikli

A kerékpár volt és marad a leginkább környezetkímélő közlekedési eszköz. Ezt az álláspontot képviselik a képünkön látható négykerekes „lábmobil" létrehozói, a minszki autógyár kísérleti osztályának négy munkatársa. Az aerodinamika és a biomechanika szempontjainak figyelembevételével kialakított négyszemélyes járművel 50 km/h sebességgel biztonságosan lehet közlekedni.

Szerintem . . .
Én úgy gondolom, hogy . . .
Nekem az a véleményem, hogy . . .

16 Magyar városok

Budapest

Budapest Magyarország fővárosa. Körülbelül 2 millió lakosa van. A város a Duna két partján fekszik, az egyik oldalon van Buda, a másikon Pest.

5 1873-ban egyesült a három önálló város — Buda, Pest és Óbuda —, és az egyesített Budapest lett az ország fővárosa.
Budapest legismertebb épülete az Országház, a Parlament, amelyet a 19. század végén építet-
10 tek. Ma is itt ülésezik az országgyűlés.
Budán, a Várhegyen áll a budai Vár. A vár épületében több múzeum található, többek között a Nemzeti Galéria.

A Várnegyed régi házai között áll a Mátyás
15 templom gótikus épülete, mellette pedig a Halászbástya. A Halászbástya teraszáról szép kilátás nyílik a Dunára és az egész városra. A Várhegyről lesétálva a Clark Ádám térre érke-zünk. Innen a híres Széchenyi-Lánchíd vezet át
20 Pestre, a pesti belvárosba. Budapest a fürdők városa is. Sok fürdőt még a törökök építettek a 16. században, például a Király fürdőt és a Rudas fürdőt. Az egyik legismertebb a Gellért fürdő, a Gellérthegy lábánál.

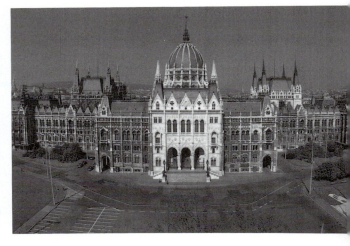

16. lecke

25 Még néhány érdekesség Budapestről:
Tudja-e, hogy a budapesti földalatti az európai kontinens legrégibb metrója? 1896-ban építették, 6 évvel a londoni metró építése után.
Tudja-e, hogy Budapestnek több mint 100 termálforrása
30 van? Hallott-e arról, hogy a Nyugati pályaudvar épületét Eiffel tervezte? Budapest az ország kulturális központja is. Az Operaház, közel 30 színház, 50 mozi, koncerttermek, múzeumok és kiállítótermek gazdag programjából válogathat a látogató. Minden évben megrendezik a
35 Budapesti Tavaszi Fesztivált. A fesztivál két hete alatt különféle rendezvényekre kerül sor: hangversenyek, színházi és operaelőadások, balett- és néptáncegyüttesek előadásai, rock- és dzsesszkoncertek, kiállítások várják az érdeklődőket.

 1 Tudja-e?

Mikor építették a török fürdőket?

Mi az érdekessége a budapesti földalattinak?

Hány lakosa van Budapestnek?

Ki tervezte a Nyugati pályaudvar épületét?

Hol található a Nemzeti Galéria?

Hol fekszik a főváros?

Mikor épült az Országház?

Hol van a Mátyás templom, Budán vagy Pesten?

a fürdő a 16. században **épült**
a fürdőt a 16. században **építették**

2 Milyen kulturális programok vannak a Budapesti Tavaszi Fesztiválon?

BUDAPESTI TAVASZI FESZTIVÁL
2001. március 14–31.

A pesti Dunaparton
a VIGADÓ téren

a budai Várban
a SZENTHÁROMSÁG téren

A szabadtéri színpadon

2001. március 23-án és 24-én, 30-án és 31-én, szombaton és vasárnap
délelőtt 10 órától délután 6 óráig
színes, változatos programban majorettek, dixieland együttesek, kamaraegyüttesek,
reneszánsz zene, népi együttesek, néptánc-együttesek, kamarazene

BERGENDI együttes   **PA-DÖ-DŐ**

d i v a t b e m u t a t ó   r e k l á m j á t é k
❋ ❋ ❋

A PETŐFI CSARNOKBAN

2001. március 19-én este 8 órakor

2001. március 20-án este 7 órakor

ED MANN OM BAND

**JAMES MOODY együttese és
STEPHANE GRAPELLI és
jazz együttese**

❋ ❋ ❋

2001. március 18–25. között a VÖRÖSMARTY téren a LUXUS ÁRUHÁZ előtt
délutánonként 3 és 4 órai kezdettel
a LUXUS ÁRUHÁZ tavaszi modelljeinek divatbemutatója.
A LUXUS ÁRUHÁZ földszinti ajándék-, és illatszerosztályai
március 24-én vasárnap is nyitva tartanak.

❋ ❋ ❋

A reklámjáték ajándékait adják:

CAOLA   **B**   **QUEEN**

DELKER RT   **H HUNGÁRIA BIZTOSÍTÓ**

B   Debrecen

Debrecen Magyarország harmadik legnagyobb városa. Több mint kétszázezer lakosa van. Debrecen a magyar reformáció központja volt. Híres Református Kollégiumában több magyar író és költő tanult.

5 A debreceni Nagytemplom Magyarország legnagyobb református temploma, 5000 embert képes befogadni.

Az 1848-49-es szabadságharc idején a város
10 fontos események színhelye volt: 1849 áprilisában itt mondta ki a Nemzetgyűlés, Kossuth Lajos vezetésével Magyarország függetlenségét a Habsburg birodalomtól.

Debrecentől nem messze fekszik a Hortobágy,
15 a híres magyar puszta. A Hortobágyi Nemzeti Park ma természetvédelmi terület. Itt látható a hortobágyi kilenclyukú híd, a régi gémeskutak és a magyar csikósok, akik ma már csak a turistáknak mutatják be, milyen is volt régen
20 a pusztán az élet.

Szeged

Szeged az Alföld déli részén fekszik, a Tisza partján. Régen sok halász lakott itt. De a Tisza nem csak megélhetést biztosított, hanem gyakran gondot is okozott a lakosságnak. Az árvíz több-ször is elöntötte a várost.

5 A Dóm téren áll a szegedi Dóm neo-román stílusú épülete, amelyet a szá-zad elején építettek. A templom orgo-nája az egyik legnagyobb Európában. A Dóm előtti téren nyáron színházi és

10 operaelőadásokat tartanak. A Szegedi Szabadtéri Játékok sok látogatót von-zanak a városba.

 1 Igaz vagy nem igaz?

Debrecen a magyar reformáció központja volt.

Debrecen Magyarország legnagyobb városa.

A Hortobágy messze van Debrecentől.

A Hortobágyi Nemzeti Park természetvédelmi terület.

Szegeden csak egyszer volt árvíz.

Szeged a Duna partján fekszik.

Sok magyar író és költő tanult Debrecenben.

A Dóm előtt nyáron szabadtéri előadásokat tartanak.

A szegedi Dóm a század elején épült.

Pécs

A Dunántúl déli részén fekszik Pécs városa. A város egyetemét a 14. században, 1367-ben alapították.

A város több török műemléket is őriz a 16. [5] századból, mecseteket és egy minaretet. Pécs porcelángyártásáról is híres: itt készül a híres Zsolnay-porcelán.

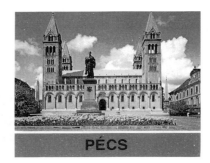

A Csontváry Múzeumban Csontváry Kosztka Tivadar, magyar festőművész különleges, [10] érdekes képeit lehet látni.

Pécsett született a külföldön is ismert op-art művész, Victor Vasarely, aki több művét a városnak ajándékozta. Ezek a Vasarely Múzeumban láthatóak.

Sopron

Magyarország talán legszebb városa az osztrák határtól nem messze fekvő Sopron.

Sopron mai helyén már a római korban város állt: Scarabantia. A római kori Sopron életét és
5 emlékeit a kőtárban ismerheti meg a látogató. A több mint 700 éves város (1277-ben lett szabad királyi város) sok régi műemléket őriz különböző korokból.

A város jelképe a 61 méter magas Tűztorony.
10 A festői óváros központja a Fő tér, melynek régi házai: a Storno-ház, a Fabricius-ház és a Patika ház ma mind műemlékvédelem alatt állnak.

Soprontól nem messze fekszik Fertőd. Itt
15 látható a 18. században, Versailles és Schönbrunn mintájára épült Eszterházy-kastély, amely a nemesi Eszterházy-család birtoka volt. Itt élt és komponált udvari karmesterként Joseph Haydn.

 ## 1 Pécs vagy Sopron?

Itt élt a híres magyar festőművész, Csontváry Kosztka Tivadar.

A városnak van egyeteme.

Ez a város nem messze fekszik az osztrák határtól.

Már a római korban állt itt egy város.

A város jelképe a Tűztorony.

A városban több török műemlék is van.

Ez a város Magyarország déli részén fekszik.

Itt készül a híres Zsolnay-porcelán.

A várostól nem messze van a fertődi Eszterházy-kastély.

A   **Interjú**

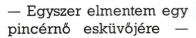

PINCÉRNŐK KEDVENCE
Mándy Iván,
aki Soroksárról levelet ír

Mándy Ivánt minden pincérnő ismeri a Művész presszóban. Ez nem is csoda, hiszen
5 utolérhetetlen finomsággal és figyelmességgel beszél velük. A két kávé után nagy borravalót ad, majd visszakér tíz
10 forintot, hogy „el tudjak indulni az életben" — mondja. A mondat olyan szép, hogy rögtön feljegyzem, de az író csendes
15 iróniával rám szól: „Visszaveszem magától."

— Egyszer elmentem egy pincérnő esküvőjére —
20 meséli Mándy Iván. — Egy hét múlva megkérdeztem tőle, hogy jó-e még a házassága, és valami hihetetlenül fellinis mondattal válaszolt. Épp nem volt nálam cetli, így nem írtam fel és
25 elfelejtettem. Ezért rendkívül dühös voltam magamra. Mindig mindent feljegyzek, amit hallok. Jövök-megyek, mászkálok, fülelek, a zsebem tele van cetlikkel. Ezek aztán az író-
30 asztalomba kerülnek és vagy megtalálom őket, vagy nem. *Móricz Zsigmond* is mindent feljegyzett. *Krúdy és Ottlik* mellett ő a kedvenc íróm.

— *Nehezen dolgozik?*

— Nem hiszek a spontaneitásban, ezért sokszor átpofozom az írásaimat. Ilyen tempó mellett három hónap is kell egy novellához. *Jacques Tati* francia filmrendező, akitől megtanultam, hogy a tárgyakat meg lehet és meg is kell írni, összesen öt filmet csinált életében, és szerinte az is sok volt. Úgyszólván mindennap írok, mert ha nem, ideges vagyok. Korán kelek, szöszmötölök, aztán megpróbálok írni. A délelőtt alkalmasabb erre, mint a délután. Ha olyan lesz az írás, ahogy elterveztem, rögtön eldobom, mert nem kapott életet. Délután aztán elmegyek a városba, beülök egy moziba vagy találkozom az ismerősökkel. Szeretek sétálni a városban, bámészkodni idegen kapualjakban, beszélgetni ismeretlen emberekkel. Budára menni nekem már utazás. Azt szoktam mondani, hogy én már Soroksár határáról levelet küldök haza.

— *Ez az életforma apai örökség?*

— Apám ezt nagyvonalúbban csinálta, mert egészen külföldig szökött az Abbázia kenyereslányával. A jövés-menés, mászkálás valóban a vérében volt. Fantasztikus figura, tele békebeli linkségekkel. Engem megmentett az iskolától és a katonaságtól. Anyámat lapátra tette, egyik szállodából a másikba költöztünk. A barátaim nem álltak szóba velem, csak a Tisza Kálmán téri vagányok. Ez volt akkor az alvilág központja.

Engem ott „műveltnek" hívtak, ahogy sehol máshol életemben. A Hotel Adriában olvastam először egy régi Színházi Életben *Csehov* Sirályát. Már akkor úgy éreztem, olyan leszek, mint Trigorin: írok, bámészkodok, nők után járkálok. *Trigorin* Csehovnál jó író, csak az a tragédiája, hogy *Turgenyev* jobb nála. A lényemben van valami Trigorinszerű, szerettem is volna eljátszani egyetlen egyszer.

— *Karácsonykor ünnepli a 75. születésnapját. Születésnapot tart ilyenkor vagy karácsonyt?*

— Egyiket sem. Fiatalkoromban az anyagi helyzetünk olyan volt, hogy nem ünnepeltünk. Mára pedig a karácsonyt sikerült a gyűlölet ünnepévé tenni, a hetekkel korábban kitört vásárlási téboly miatt. A születésnapom estéjét színházban töltöm, mert akkor adják át a Madách Kamarában a *Domján Edit-díjat*, és ebben az alapítványban magam is részt veszek. Editet a Koldusoperában láttam először a Petőfi Színházban. Aztán játszott egy darabomban, a Mélyvízben, amely összesen hétszer ment. *Szinetár Miklós* rendezte, emlékszem, meggypiros mellényben tartott olvasópróbát. Domján mellett *Horváth Tivadar* és a nagybeteg *Sennyei Vera* játszott benne. De a mozi számomra mindig otthonosabb volt, mint a színház.

Ézsiás Erzsébet

17. lecke

B Novellák

A szájsebész (Ottlik Géza)

A háború harmadik évétől kezdve a budapesti telefon egyik kedvenc hibája az volt, hogy a hívott szám helyett egy tökéletesen más számot kapcsolt; s ebben azután makacsnak bizonyult, nem úgy, mint egyéb tréfáiban, sajátságos sivításaiban, oktalan, „mással beszél"-jelzéseiben vagy abban, hogy két vagy három állomással kötötte össze az embert. Ezt mind türelemmel ki lehetett böjtölni. De ha lakásomat délután ideges férfihang csöngette fel, s Muncurka kisasszonyt kérte a telefonhoz, akkor hiába magyaráztam meg neki, hogy itt nem a Magyar Fésűipar beszél, s ő hiába csapta le szó nélkül a kagylót, bizonyos lehettem benne, hogy néhány napig sok százan fogják keresni telefonomon a Fésűipart.

Különösen keserves volt felhívni az olyan számokat, mint például a pályaudvarok tudakozó irodája. A menetrend azonban naponként változott. Egy este táviratot hoztak. Rokonom küldte Kassáról, s csak annyi állt benne, hogy az esti gyorsvonattal érkezik. Rá kellett szánnom magam, hogy felhívom a vasutat.

Elszántan tárcsázgattam a Keleti pályaudvar számát. Háromszor nem kapcsolt, negyedszer részvétlen hápogással jelezte a „foglalt" vonalat, de váratlanul ötödszörre csengetni kezdett a készülék.

„Halló" — mondta egy férfihang. Kissé meghökkentem a gyors sikeren.

„Halló — mondtam —, mikor érkezik, kérem, a kassai gyors?"

Egyetlen ütemnyi szünet. Azután ezt mondja a hang:

„A kassai? Mindjárt megmondom."

Hosszabb szünet. Majd így szólt:

„Huszonegy óra, vagyis kilenc óra és tíz . . . Nem!"

Újabb szünet.

„Munkács—Kassa—Budapest? — kérdi. — Huszonhárom óra huszonöt. Ez az, kérem?"

„Hát maga nem tudja? — kérdeztem.

„Dehogynem tudom. Huszonhárom, azaz tizenegy óra és huszonöt perckor érkezik, mondom."

„No de, bizonyos ez?"

„Bizonyos. Jó napot."

Halló, halló!"

„Mi tetszik?" — kérdi kelletlenül a hang.

„Nincs tévedés?"

„Nincsen. Tessék már békén hagyni."

Valami nem tetszett nekem, bosszankodtam.

„Elvégre — mondtam ingerülten — ez a mestersége. Azért vasutas . . ."

„Dehogy vagyok én vasutas, kérem. Sztomatológus vagyok."

„Sztoma . . .?"

„Igen, kérem — mondta a hang fáradtan. — A telefonom összekapcsolódott a Keleti pályaudvaréval. Legkevesebb, ha ötvenszer hívnak fel naponta tévesen. Ha én most azt mondtam volna önnek, hogy téves kapcsolás, akkor legjobb esetben bocsánatot kérünk egymástól, és ön egy perc múlva újra felhív engem. Tehát: tizenegy óra huszonöt perc. Tessék elhinni. Itt van előttem: ma reggel írtam ki magamnak az összes vonatok érkezését és indulását. Mégiscsak így a legegyszerűbb. Noha nem vagyok vasutas, hanem sztomatológus, ami annyit tesz: szájsebész! Jó estét."

Elhűltem kissé, azután nevettem, de a vonat csakugyan akkor érkezett. Nemrégiben aztán fogorvosra lett volna szükségem, és eszembe jutott ismeretlen telefonos sztomatológusom. Sajnálni kezdtem, hogy annak idején nem kérdeztem meg a nevét. Valamiért az a makacs gondolatom támadt, hogy nem lehet rossz szájsebész. Egészen kitűnő szájsebész lehet.

Nyelvlecke *(Karinthy Ferenc)*

Akkor már fél éve éltem Amerikában, számos egyetemen tartottam angol nyelvű előadást, kérdésekre kellett válaszokat rögtönöznöm, saját bérelt lakásom volt New Yorkban, tősgyökeres jenki barátaim, bennszülött intellektuelekből, művészekből, hölgyekből álló társaságom, ahol elfogulatlanul csevegtem, ide-oda utazgattam az országban, vendéglőkben étkeztem és rendeltem, még a huzatos utcákon, a Central Parkban, a bohém Greenwich Village-ban, sőt Harlemban, a sötét negyedekben, külvárosokban is érteni véltem mindent szót, ordibálást, veszekedést, verekedést, irodalmi s egyéb ügynökségekkel tárgyaltam, leveleztem, rendszeresen jártam színházba, moziba, olvastam a lapokat, néztem a tévét, és hallgattam a rádiót. Abban a boldog hiszemben, hogy most már nem lesznek nyelvi problémáim.

Hazautazásom reggelén feltárcsázom a légitársaságot, tisztázni valami apróságot. Mielőtt azonban mondanivalómat bevégezhetném, a szapora beszédű telefonos kisasszony ezzel szakítja meg társalgásunkat:

— Sorry, we don't speak spanish. (Nem beszélünk spanyolul.)

Most kezdhetem elölről.

Mese

Az öregek (magyar népmese)

Most az öregekről mondok mesét. Hallgassatok ide! Egyszer egy katona megy, mendegél hazafelé, s amikor egy falun megy keresztül, látja, hogy kint ül a kapuban egy ősz öregember, és keservesen sír.

Kérdi a katona: — Ugyan bizony miért sír, öregapám?

— Jaj, hogyne sírnék, édes fiam, mikor megvert az édesapám.

— Ne mondja! Hiszen kend is van legalább százesztendős, csak nem él még az édesapja?

— Hát ha nem hiszed, fiam, menj be az udvarba. Nézd meg, éppen fát vág az apám.

Bemegy a katona, s hát csakugyan ott van egy még öregebb ember, s vágja a fát. Köszönti őt a katona.

— Adjon isten jó napot, öregapám! Ugyan bizony miért verte meg a fiát?

Hát hogyne vertem volna meg, mikor nem fogadott szót a nagyapjának!

— Mit beszél kend? Hát még a kendnek is él az apja?

— Hogyne élne! Menj csak be a házba, ott ül a kályhánál és pipázik. Nézd meg, ha nem hiszed!

Bemegy a katona a házba. S hát csakugyan ott ül az öregember a kályhánál és pipázik és szidja az unokáját, hogy így meg úgy, miért nem fogadott szót neki.

17. lecke

Köszönti a katona és kérdi tőle:

30 — Ugyan bizony, öregapám, hány éves lehet kend?

— Hej, édes fiam, azt én nem tudom. Hanem menj el a paphoz, aki keresztelt. Az majd utánanéz a matrikulában.

35 — De már öregapám, ne tréfáljon, csak nem él még az a pap is, aki kendet keresztelte?

— De bizony még él. Ha nem hiszed, nézd meg. Biztosan otthon találod, mindig olvassa a Bibliát.

40 Elmegy a katona a paphoz. Hát az csakugyan ott ül az asztalnál és a Bibliát olvasgatja. Jó napot kívánok, tisztelendő uram!

— Hozott Isten, édes fiam! Hát te miért jöttél hozzám, talán bizony házasodni készülsz?

45 — Azt nem éppen, hanem azt szeretném megtudni, hogy ez és ez az öregember hány éves lehet.

— Azt én, édes fiam, könyv nélkül nem tudom neked megmondani, de mindjárt megnézem a

50 matrikulában.

Feláll a pap, odamegy a könyvszekrényhez, hogy kivegye a matrikulát, de az bizony be volt zárva.

— Na, édes fiam — mondja a pap, nagyon saj-

55 nálom, de a matrikulát elő nem vehetem, mert nincs itthon a kulcs. Magával vitte az édesanyám a piacra.

Ha a papnak az anyja a kulcsot el nem vitte volna, az én mesém is tovább tartott volna.

60 ITT A VÉGE; FUSS EL VÉLE!

Versek (József Attila)

D

TEDD A KEZED

Tedd a kezed
homlokomra,
mintha kezed
kezem volna.

Úgy őrizz, mint
ki gyilkolna,
mintha éltem
élted volna.

Úgy szeress, mint
ha jó volna,
mintha szívem
szíved volna.

TISZTA SZÍVVEL

Nincsen apám, se anyám,
se istenem, se hazám,
se bölcsőm, se szemfedőm,
se csókom, se szeretőm.

Harmadnapja nem eszek,
se sokat, se keveset.
Húsz esztendőm hatalom,
húsz esztendőm eladom.

Hogyha nem kell senkinek,
hát az ördög veszi meg.
Tiszta szívvel betörök,
ha kell, embert is ölök.

Elfognak és felkötnek,
áldott földdel elfödnek
s halált hozó fű terem
gyönyörűszép szívemen.

Humor

E

Négy skót indul haza a munkából, és elhatározzák, hogy megisznak egy-egy korsó sört. Amikor odaérnek a sörözőhöz, egyikük nagyot sóhajt, és indul tovább.

— Hé, Mike, nem jössz be? — kérdi tőle az egyik társa.
— Szívesen bemennék, de nincs nálam egy penny sem.
— Ostobaság. Gyere csak velünk, senki sem mondta, hogy igyál is. . .

A bohóc éjnek idején kétségbeesve beront a cirkuszigazgató szobájába:
— Igazgató úr, igazgató úr, ég a cirkusz!
Az igazgató átfordul a másik oldalára, és bosszankodva mondja:
— Mit akar tőlem? Keltse fel a tűznyelőt!

Ebben a kalapban tíz évvel fiatalabbnak festek.
— Hány éves vagy tulajdonképpen?
— Huszonhét.
— Kalappal vagy kalap nélkül?

Az angol, az ír és a skót elhatározzák, hogy közös vacsorát rendeznek, mégpedig piknik alapon, tehát mindenki hoz valamit.

Én hozom a húst! — mondja az angol.
— Én hozom a tésztát! — vállalja az ír.
— Én meg hozom az öcsémet! — mondja a skót.

17. lecke

— Dehogy is!... Nincs semmi bajom, csak most én vagyok a munkanélküli.

– Csak akkor csókoljon homlokon, ha szponzort is tud szerezni a produkcióhoz!

(Balázs-Piri Balázs)

– Először küldd ki az uradat a konyhából, aztán végy 40 tojást, fél kiló diót...

Anhang

Grammatikkommentar

Herkunft und Struktur der ungarischen Sprache

Sie wissen vielleicht, dass die meisten europäischen Sprachen zur indoeuropäischen Sprachfamilie gehören. Die ungarische Sprache bildet eine Ausnahme, sie gehört zur Familie der uralischen Sprachen. Diese Sprachfamilie wird in zwei Zweige aufgeteilt. Den bekannteren Zweig, zu dem auch das Ungarische gehört, bilden die so genannten **finnisch-ugrischen** Sprachen. Mit dem Ungarischen am nächsten verwandt sind das Ost-jakische und das Wogulische. Sie werden von Minderheiten gesprochen, die östlich vom Ural-Gebirge leben. Der Struktur nach zählt das Ungarische zu den so genannten agglutinierenden Sprachen (*lat.* agglutinare = ankleben), da die grammatischen Beziehungen durch Anhängen („Ankleben") der Endungen ausgedrückt werden.

Das ungarische Alphabet

A a	Eule, *engl.* what		N n	Nordpol
Á á	Bar		Ny ny	*engl.* new, *franz.* Champagner
B b	Bamberg		O o	Otto
C c	Zirkus, Cäsar		Ó ó	ohne, Boot
Cs cs	tschechisch, Couch		Ö ö	Töpfe, Löffel
D d	Dortmund		Ő ő	Komödie, Öse
E e	Zwerg		P p	Platte
É é	Tee, Leben		R r	„gerolltes" r wie *span.* r
F f	fahren, Volk		S s	Schubert
G g	Goethe		Sz sz	Maß, was
Gy gy	*franz.* Adieu		T t	Traum
H h	Hamburg		Ty ty	tja, *engl.* statue
I i	in		U u	Ungarn
Í í	spazieren		Ú ú	suchen, Kuh
J j	Johann		Ü ü	müssen
K k	Klasse		Ű ű	lügen, Mühe
L l	Ludwig		V v	wie, Vase
Ly ly	Joachim		Z z	Physik, Maus
M m	Maria		Zs zs	Garage, Journalist

1. Die Laute dz und dzs kommen nur selten vor: **dz** — langes und stimmhaftes c, **dzs** — *engl.* John, Jazz.
2. Die Buchstaben **q, x, y, w** kommen im Ungarischen nur in Fremdwörtern oder in Familiennamen vor, die noch nach der alten Schreibweise geschrieben werden, z. B.: taxi, Andrássy, Wesselényi.

Aussprache, Rechtschreibung und Betonung

1. Es gibt kurze und lange Selbstlaute (Vokale). Die langen Selbstlaute unterscheiden sich durch einen bzw. zwei Striche von dem entsprechenden kurzen Selbstlaut:

   a-á, e-é, i-í, o-ó, ö-ő, u-ú, ü-ű.

2. Nicht nur Selbstlaute (Vokale), sondern auch Mitlaute (Konsonanten) können im Ungarischen lang sein. In diesem Fall wird der entsprechende Buchstabe

doppelt geschrieben und – im Gegensatz zum Deutschen – auch gedehnt gesprochen, z. B. Ottó, Anna.

3. Bei Mitlauten (Konsonanten), die aus zwei bzw. drei Buchstaben bestehen, wird nur der erste Buchstabe der Mitlautgruppe verdoppelt:

cs + cs = ccs	sz + sz = ssz	dz + dz = ddz
gy + gy = ggy	zs + zs = zzs	dzs + dzs = ddzs
ny + ny = nny		

4. Im Gegensatz zum Deutschen werden im Ungarischen nur Eigennamen und der Satzanfang großgeschrieben.

5. Und noch ein letzter Hinweis zur Rechtschreibung, der hilfreich ist: Am Wortende sind ó und ő immer, ú und ű fast immer (bis auf wenige Ausnahmen) lang.

6. Die Betonung liegt im Ungarischen stets (ohne Ausnahme) auf der ersten Silbe.

---

első lecke

A

In diesem Abschnitt haben Sie gelernt, wie man sich in Ungarn vorstellt und wie man andere Leute nach ihrem Namen fragt.

Hogy hívnak? Hogy hívják?

Diese Fragen bedeuten wörtlich: *Wie nennt man dich?* *Wie nennt man Sie?* Das Tätigkeitswort (Verb) steht in der 3. Person Mehrzahl (Plural). Dieser Form (3. Person Mehrzahl ohne Satzgegenstand/Subjekt) entspricht im Deutschen die unpersönliche Form *man*.

Aber warum stehen hier zwei verschiedene Wörter für das deutsche *nennt man*? Im Ungarischen gibt es zwei Konjugationen, d. h. zwei Möglichkeiten, ein Tätigkeitswort (Verb) zu beugen. Sie werden sie in der 3. und 4. Lektion kennen lernen. An dieser Stelle reicht es, wenn Sie sich die beiden Wendungen merken. Falls Sie duzen wollen, sagen Sie: **Hogy hívnak?** Falls Sie jemanden siezen: **Hogy hívják?**

Endungen und Vokalharmonie im Ungarischen

Sie haben bereits die ersten Endungen gelernt. Um sie richtig anwenden zu können, müssen Sie die Grundregeln der so genannten Vokalharmonie, einer sprachlichen Besonderheit der ungarischen Sprache, kennen.

Alle ungarischen Wörter kann man in drei Gruppen ein-

engem (mich)   téged (dich)   önt (Sie)

Diese drei persönlichen Fürwörter (Personalpronomina), die hier im Wenfall (Akkusativ) stehen, kann man auch weglassen:

Hogy hívnak? – Katinak hívnak.
(Wie heißt du? – Ich heiße Kati.)
Sie stehen nur dann, wenn die Person besonders hervorgehoben wird:
Engem Nagy Jánosnak hívnak. És téged?
(Ich heiße Nagy János. Und du?)

hívnak + **-nak/-nek**

Wenn Sie sich mit dem Wort **hívnak** vorstellen, müssen Sie an Ihren Namen die Endung **-nak/-nek** anhängen: **Marionnak hívnak. Heinznek hívnak.** Wann welche Endung steht, erfahren Sie, wenn Sie weiterlesen.

teilen, je nachdem, welche Selbstlaute (Vokale) sie enthalten:

1. Wörter mit *dunklen* Selbstlauten, wie a/á, o/ó, u/ú,
2. Wörter mit *hellen* Selbstlauten, wie e/é, i/í, ö/ő, ü/ű,
3. so genannte *gemischte* Wörter, die sowohl *dunkle* als auch *helle* Selbstlaute enthalten.

Diese Gruppen spielen in der ungarischen Grammatik eine wichtige Rolle, weil die meisten Endungen in zwei (oder drei) Varianten vorkommen, jeweils in einer *dunklen* und einer (oder zwei) *hellen*. Nehmen wir die Endung **–nak/–nek**. Die *dunkle* Form ist **–nak**, die *helle* **–nek**. Vokalharmonie bedeutet, dass die Endungen mit den Wörtern „harmonieren" müssen, d. h. Wörter mit *dunklen* Selbstlauten bekommen *dunkle* Endungen, Wörter mit *hellen* Selbstlauten *helle*: **Pál – Pálnak, Péter – Péternek**.

Mit der folgenden Eselsbrücke können Sie sich die *dunklen* und *hellen* Selbstlaute einprägen.

dunkle Selbstlaute (Vokale)	→	Rumaroma (ebenso die langen Entsprechungen **ú, á, ó**)
helle Selbstlaute (Vokale)	→	römische Mühle (ebenso die langen Entsprechungen **ő, í, é, ű**)

Und was ist mit den *gemischten* Wörtern? Hier ist meist der letzte Selbstlaut maßgebend: **Piroska — Piroskának, Mária — Máriának.**

Bei *gemischten* Wörtern gelten **i** und **é** als neutral. Wenn sie in der letzten Silbe stehen und das Wort enthält davor *dunkle* Vokale, steht die *dunkle* Endung: **Katalin — Katalinnak, Nagy Tamásné — Nagy Tamásnénak.**

Noch eine wichtige Regel zu den ungarischen Endungen: Stehen **–a** und **–e** am Wortende, werden sie lang, wenn das Wort Endungen bekommt.

–a → –á	Anna	→ Annának
–e → –é	Endre	→ Endrének

Ungarische Namen

Im Ungarischen steht der Familienname an erster und der Vorname (der entsprechend Nachname heißt!) an zweiter Stelle. Die ungarischen Vornamen haben mehrere Koseformen, die Ihnen im Lehrbuch begegnen werden.

Wenn Sie einen ungarischen Namen mit der Endung **–né** hören oder lesen, können Sie daraus drei Informationen entnehmen. Erstens, die betreffende Person ist eine Frau, zweitens, sie ist verheiratet und drittens, der Name vor der Endung **–né** ist der Name ihres Ehemannes. Ihr eigener Name verschwindet hinter dem ihres Mannes. Neben dieser traditionell-patriarchalischen Namensform kann eine ungarische Frau heutzutage zwischen drei weiteren Möglichkeiten wählen:

1. Sie behält ihren eigenen Namen ohne jegliche Änderung. 2. Sie wählt eine den deutschen Doppelnamen ähnliche Form: **Nagyné Kovács Anna**, wobei **Nagy** der Familienname des Ehemannes ist. 3. Sie nimmt den Familiennamen ihres Ehemannes an und behält ihren Vornamen.

B

Persönliche Fürwörter (Personalpronomina)

	Einzahl (Singular)	*Mehrzahl (Plural)*
1. Pers.	én	mi
2. Pers.	te	ti
3. Pers.	ő	ők
Siezen	ön	önök

Das Fürwort **ő** (er/sie) drückt im Gegensatz zum Deutschen immer eine Person und nie einen Gegenstand aus. Die höfliche Anrede, das Siezen, ist im Ungarischen mit der 3. Person verbunden: **ön** (3. Person Einzahl) = eine gesiezte Person, **önök** (3. Person Mehrzahl) = mehrere gesiezte Personen.

Neben den siezenden Fürwörtern **ön** und **önök** gibt es auch die Formen **maga** bzw. **maguk**, die in der Umgangssprache ebenso gebräuchlich sind. In den Tabellen werden der Einfachheit halber nur die Formen **ön** und **önök** aufgeführt.

Das Tätigkeitswort (Verb) „van"

Die Beugung (Konjugation) dieses Tätigkeitswortes finden Sie auf Seite 12. In den Fragen **Hogy vagy? Hogy vagytok?** usw. stehen keine persönlichen Fürwörter (Personalpronomina), weil die Endung der Tätigkeitswörter immer eindeutig auf die handelnde Person hinweist. Die persönlichen Fürwörter verwendet man nur, wenn man die Person besonders hervorheben will:
Hogy vagy? — Én jól vagyok. És te?
(Wie geht es dir? — Mir geht es gut. Und dir?)

Das Wort „is"

Das Wort **is** (auch) steht immer direkt nach dem Wort, auf das es sich bezieht:
Én is jól vagyok.
(Auch mir geht es gut).

Péter is orvos.
(Auch Peter ist Arzt.)

C

Merke: Nach Zahlwörtern und nach dem Fragewort **Hány?** stehen Hauptwörter (Substantive) in der Einzahl (Singular).
Alle Zahlen, die auf die Ziffer 2 enden, haben zwei Formen: **két/kettő, tizenkét/tizenkettő** usw.

Die Form **két** steht vor anderen Wörtern, **kettő** dagegen allein, z. B. in Kurzantworten:
Hány éves Kati? — Két éves. / Kettő. / Huszonkét éves. / Huszonkettő.

Hauptwort oder Eigenschaftswort als Satzaussage (Substantiv oder Adjektiv als Prädikat)

én	orvos	vagyok		én	29 éves	vagyok
te	orvos	vagy		te	35 éves	vagy
ő	orvos			ő	46 éves	
ön	orvos			ön	50 éves	
Anna	orvos			Pál	30 éves	

In Sätzen, in denen die Satzaussage durch ein Hauptwort oder ein Eigenschaftswort ausgedrückt wird, steht in der 3. Person kein **van**. Diese Regel gilt auch für Sätze, in denen die Satzaussage durch ein Fürwort (Pronomen) ausgedrückt wird. Zum Beispiel in den Fragen: **Ki ez? Ki ön?**

Faustregel für die Wortfolge

Im ungarischen Satz steht das betonte Satzglied (d. h. das für die Mitteilung wichtigste Wort) unmittelbar vor dem gebeugten Tätigkeitswort (Verb):

Mérnök vagyok.
(Ich bin Ingenieur.)

Én vagyok mérnök, nem Pál.
(Ich bin Ingenieur, nicht Paul.)

második lecke

A

Die Endungen des Ortes (Ortsbestimmungssuffixe) -ban/-ben und -n/-on/-en/-ön

Die Endung -ban/-ben entspricht dem deutschen Verhältniswort (Präposition) *in* + Wemfall (Dativ). Sie antwortet auf die Frage *wo?* und bezieht sich auf einen Innenraum: **Berlinben** (in Berlin), **Svájcban** (in der Schweiz), **a házban** (im Haus).

Die Endung -n/-on/-en/-ön entspricht den deutschen Verhältniswörtern (Präpositionen) *auf* oder *an* + Wemfall (Dativ). Sie antwortet ebenfalls auf die Frage *wo?*, bezieht sich aber auf eine Oberfläche. Diese Endung hat vier verschiedene Formen. Wann wird welche Form verwendet?

1. Nach einem Selbstlaut (Vokal) steht die Endung **-n** bzw. (nach **-a** und **-e**) **'-n**: **Makó — Makón, Tatabánya — Tatabányán.**
2. Nach einem Mitlaut (Konsonant) folgen je nach Vokalharmonie die Endungen **-on/-en/-ön**. Bei *dunklen* Wörtern steht **-on**: **Szolnok — Szolnokon.** Bei *hellen* Wörtern mit **e/é/i/í** in der letzten Silbe folgt **-en**, mit **ö/ő/ü/ű** in der letzten Silbe dagegen **-ön**: **Szeged — Szegeden, Gyöngyös — Gyöngyösön.**

3. Bei *gemischten* Wörtern gelten die in der 1. Lektion erläuterten Regeln.

Die Ländernamen (bis auf Ungarn und wenige weitere Ausnahmen) sowie die ausländischen Ortsnamen erhalten die Endung **-ban/-ben**. Der Ländername *Ungarn*, **Magyarország**, und die meisten ungarischen Ortsnamen werden mit der Endung der Oberfläche **-n/-on/ -en/-ön** versehen.

Ausnahmen sind die auf **-m, -n, -ny, -i, -j, -r** auslautenden ungarischen Ortsnamen, die — wie die ausländischen Städtenamen — die Endung **-ban/-ben** erhalten. Es reicht, wenn Sie sich einige bekannte Städte merken: **Debrecen, Eger, Esztergom, Győr, Komárom, Lenti, Oroszlány, Sopron, Tihany, Tokaj, Veszprém.** Achtung: Die Ortsnamen auf **-vár** (Burg) gehören nicht zu den Ausnahmen: **Kaposvár — Kaposváron, Székesfehérvár — Székesfehérváron.**

B

In diesem Abschnitt haben Sie die Bezeichnungen für verschiedene Räume und Einrichtungsgegenstände gelernt. Alle Hauptwörter (Substantive) haben — wie im Deutschen — einen bestimmten oder einen unbestimmten Artikel und können in die Mehrzahl gesetzt werden.

Bestimmter und unbestimmter Artikel

Der bestimmte Artikel lautet entweder **a** oder **az**. Vor einem Mitlaut (Konsonant) steht **a**, vor einem Selbstlaut (Vokal) **az**: **a lámpa, a szék, az asztal, az előszoba**. (Vergleichbar mit dem englischen unbestimmten Artikel *a/an*.) Der unbestimmte Artikel im Ungarischen heißt immer **egy**.

Mehrzahl (Plural) der Hauptwörter (Substantive)

Die Mehrzahlendung der Hauptwörter ist **-k**. Ist der letzte Buchstabe des Wortes ein Mitlaut (Konsonant), wird zwischen das Hauptwort und die Mehrzahlendung **-k** ein Bindevokal eingeschoben, um die Aneinanderreihung von mehreren Mitlauten zu vermeiden. Die ungarische Sprache vermeidet generell die Anhäufung von Mitlauten. Gerade die Ausgewogenheit von Mit- und Selbstlauten sowie die Vokalharmonie tragen zum schönen Klang und zur Melodie der Sprache bei. Die folgende Tabelle erleichtert Ihnen die Übersicht. Sie werden feststellen, dass Sie bereits nach kurzer Zeit ein Gefühl für die Endungen entwickeln und sie automatisch richtig verwenden. Ab Lektion 2 sind die Mehrzahlendungen im Lektionswortschatz angegeben.

Welches Hauptwort?	*Welche Endung?*	*Einzahl (Singular)*	*Mehrzahl (Plural)*
Selbstlaut (Vokal) am Wortende (außer **-a** und **-e**)	**-k**	ajtó nappali	ajtók nappalik
-a oder **-e** am Wortende	**'-k**	szoba lecke	szobák leckék
helles Wort	**-ek**	szekrény szőnyeg terem	szekrények szőnyegek termek*
helles Wort mit **ö** oder **ü** in der letzten Silbe	**-ök**	függöny mérnök tükör	függönyök mérnökök tükrök*
dunkles Wort	**-ok**	polc ablak	polcok ablakok
einige *dunkle* (oft einsilbige) Wörter	**-ak**	ház ágy	házak ágyak
gemischte Wörter	**-ok/-ek**	telefon fotel	telefonok fotelek

*Bei den Wörtern **terem** und **tükör** erfolgt ein Selbstlautausfall: **termek, tükrök**.

C

Die hinweisenden Fürwörter (Demonstrativpronomina) „ez" und „az"

Das Fürwort **ez** (diese/r/s) weist auf einen näheren, **az** (jene/r/s) auf einen weiter entfernten Gegenstand hin. Beide stehen immer mit dem bestimmten Artikel, d. h. **ez a / ez az** bzw. **az a / az az**: **ez a szék** (dieser Stuhl), **ez az asztal** (dieser Tisch), **az a lakás** (jene Wohnung), **az az ablak** (jenes Fenster).

Eigenschaftswörter (Adjektive) und ihre Mehrzahlbildung

In diesem Abschnitt haben Sie viele Eigenschaftswörter gelernt. Ihre Mehrzahlbildung stimmt im Großen und Ganzen mit der der Hauptwörter (Substantive) überein. Zwei Abweichungen müssen Sie sich allerdings merken:

1. Eigenschaftswörter mit *dunklen* Selbstlauten erhalten die Endung **–ak**, während entsprechende Hauptwörter die Endung **–ok** haben: **új – újak, világos – világosak**, aber: **polc – polcok, asztal – asztalok**. Ausnahme: **nagy – nagyok**.
2. Eigenschaftswörter, die auf **–i** enden, bekommen nicht nur ein **–k**, sondern je nach Vokalharmonie **–ak/–ek**: **régi – régiek, régimódi – régimódiak**. Ausnahme: **kicsi – kicsik**.

Das Wort **kis/kicsi** hat zwei Formen. **Kis** steht vor einem Hauptwort als Beifügung (Attribut), **kicsi** ist dagegen eine Satzaussage (Prädikat) im Satz:

A szobában van egy kis asztal.
(Im Zimmer ist ein kleiner Tisch.)
Ez az asztal kicsi.
(Dieser Tisch ist klein.)

Eigenschaftswörter als Beifügung (Attribut) oder als Satzaussage (Prädikat)

Wenn das Eigenschaftswort (Adjektiv) vor einem Hauptwort (Substantiv) als Beifügung (Attribut) steht, ist es unveränderlich: **modern lámpa, a modern lámpa, egy modern lámpa, modern lámpák**.
Dient das Eigenschaftswort aber als Satzaussage (Prädikat) und steht der Satzgegenstand (Subjekt) in der Mehrzahl (Plural), wird auch das Eigenschaftswort in die Mehrzahl gesetzt: **A lámpa modern. — A lámpák modernek.**

Einzahl (Singular) nach Zahlwörtern

Sie haben bereits gelernt, dass im Ungarischen nach Zahlwörtern die Hauptwörter (Substantive) nicht in die Mehrzahl gesetzt werden. Auch ein im Satz vorkommendes Tätigkeitswort (Verb) bleibt in der Einzahl, wenn der Satzgegenstand (Subjekt) nach einem Zahlwort oder nach **hány?** in der Einzahl steht:

Hány szoba van a lakásban?
(Wie viel Zimmer gibt es in der Wohnung?)
A lakásban három szoba van.
(In der Wohnung sind/gibt es drei Zimmer.)

B/C

Die Uhrzeit

Auf die Frage **Hány óra van?** kann man einfach antworten: **7 óra 15 perc.** In der Umgangssprache verwendet man die Wörter **negyed, fél, háromnegyed,** die sich immer auf die nächste Stunde beziehen: **7 óra 15 perc = negyed nyolc.**

Die Endung **–kor** entspricht dem deutschen Verhältniswort (Präposition) *um*: **Hány órakor…?** (Um wie viel Uhr…?) – **7 óra 15 perckor, negyed nyolckor.**
Falls neben der Uhrzeit auch die Tageszeit angegeben wird, steht sie – im Gegensatz zum Deutschen – vor der Uhrzeit: **reggel fél hétkor, este kilenckor.**

Die unbestimmte Beugung (Konjugation) der Tätigkeitswörter (Verben)

In dieser Lektion begegnen Sie der unbestimmten Beugung (intransitiven Konjugation) der Tätigkeitswörter in der Gegenwart (Präsens). Sie wird im Weiteren als *1. Konjugation* bezeichnet.

1. Regelmäßige Beugung der Tätigkeitswörter

	Endungen	*dunkel*	*hell (e/é/i/í)*	*hell (ö/ő/ü/ű)*
Infinitiv	**–ni**	tanul**ni**	beszél**ni**	köszön**ni**
Stamm	–	tanul	beszél	köszön
én	**–ok/–ek/–ök**	tanul**ok**	beszél**ek**	köszön**ök**
te	**–sz**	tanul**sz**	beszél**sz**	köszön**sz**
ő/ön*	–	tanul	beszél	köszön
mi	**–unk/–ünk**	tanul**unk**	beszél**ünk**	köszön**ünk**
ti	**–tok/–tek/–tök**	tanul**tok**	beszél**tek**	köszön**tök**
ők/önök	**–nak/–nek**	tanul**nak**	beszél**nek**	köszön**nek**

*In Wörterbüchern finden Sie die 3. Person Einzahl (Singular) der Tätigkeitswörter, die meistens mit dem Stamm übereinstimmt.

2. Tätigkeitswörter mit –s/–z/–sz (Zischlauten) im Auslaut

Die Beugung (Konjugation) dieser Tätigkeitswörter weicht in der 2. Person Einzahl (Singular) von der obigen Tabelle ab, statt **–sz** (schwer auszusprechen nach einem Zischlaut) wird die Endung **–ol/–el/–öl** angehängt.

	Endungen	dunkel	hell (e/é/i/í)	hell (ö/ő/ü/ű)
Infinitiv		olvasni	nézni	főzni
Stamm		olvas	néz	főz
én		olvasok	nézek	főzök
te	–ol/–el/–öl	olvasol	nézel	főzöl
ő/ön		olvas	néz	főz
mi		olvas**unk**	néz**ünk**	főz**ünk**
ti		olvas**tok**	néz**tek**	főz**tök**
ők/önök		olvas**nak**	néz**nek**	főz**nek**

3. Tätigkeitswörter mit **–ik** (so genannte –ik-Verben)

Die Beugung dieser Tätigkeitswörter weicht in der 1. Person Einzahl (Singular) sowie in der 3. Person Einzahl von den regelmäßigen Verben ab. Die Mehrzahl (Plural) stimmt mit den Verben unter 1. und 2. überein.

Infinitiv	**–ni**	lakni	enni	sörözni
Stamm	(ohne **–ik**!)	lak-	esz-	söröz-*
én	**–om/–em/–öm**	lak**om**	esz**em**	söröz**öm**
te		lak**sz**	esz**el**	söröz**öl**
ő/ön	**–ik**	lak**ik**	esz**ik**	söröz**ik**

* sörözik = Bier trinken

Beachten Sie, dass es Überschneidungen zwischen den Tätigkeitswörtern mit Zischlauten und den **–ik**-Verben geben kann: **eszik, iszik**.

4. Tätigkeitswörter mit zwei Mitlauten (Konsonanten) oder mit **–ít** im Auslaut

Diese Tätigkeitswörter erhalten im Infinitiv und in drei Personen einen zusätzlichen Bindevokal vor den Endungen, die mit einem Mitlaut (Konsonant) beginnen. Damit werden Mitlautanhäufungen vermieden.

Infinitiv	**–ani/–eni**	takarítani	játszani	fürödni
Stamm		takarít	játsz-	fürd-
én		takarí**tok**	játsz**om**	fürd**öm**
te	**–asz/–esz**	takarí**tasz**	játsz**ol**	fürd**esz**
ő/ön		takarí**t**	játsz**ik**	fürd**ik**
mi		takarí**tunk**	játsz**unk**	fürd**ünk**
ti	**–otok/–etek/–ötök**	takarí**totok**	játsz**otok**	fürd**ötök**
ők/önök	**–anak/–enek**	takarí**tanak**	játsz**anak**	fürd**enek**

Auch hier gibt es Überschneidungen mit den vorherigen Tabellen, z. B. bei **játszik**. Dieses Tätigkeitswort ist ein **–ik**-Verb, sein Stamm endet auf **–sz** und auf zwei Konsonanten. Bei diesem Wort treffen alle drei Abweichungen (2. - 4.) zu.

5. Die Beugung einiger unregelmäßiger Tätigkeitswörter

aludni	alszom, alszol, alszik, alszunk, alszotok, alszanak
fürödni	fürdöm, fürdesz, fürdik, fürdünk, fürdötök, fürdenek
menni	megyek, mész, megy, megyünk, mentek, mennek
jönni	jövök, jössz, jön, jövünk, jöttök, jönnek

D

In diesem Abschnitt haben Sie neue Endungen der Ortsbestimmung gelernt. Sie können nach den drei Fragewörtern *wohin?, wo?, woher?* untergliedert werden.

	Hova? (Wohin?)	**Hol?** (Wo?)	**Honnan?** (Woher?)
Ortsbestimmung des Innenraumes	**–ba/–be** (in + Wenfall)	**–ban/–ben** (in + Wemfall)	**–ból/–ből** (aus)
Ortsbestimmung der Oberfläche	**–ra/–re** (auf/an + Wenfall)	**–n/–on/–en/–ön** (auf/an + Wemfall)	**–ról/–ről** (von)

E

Neu ist das Tätigkeitswort (Verb) **ráér**, das aus einer Vorsilbe (Präfix) und dem eigentlichen Tätigkeitswort besteht. Solche Verben werden bei der Verneinung getrennt: **ráérek — nem érek rá, ráérsz — nem érsz rá** usw. Weitere Tätigkeitswörter mit Vorsilben lernen Sie später kennen.

negyedik lecke

A

Der Wenfall (Akkusativ)

Die Endung des Wenfalls lautet **–t**. Ähnlich wie bei der Mehrzahlendung **–k** entstehen durch die Bindevokale verschiedene Varianten. Es ist wichtig, die Mehrzahl (Plural) der Hauptwörter (Substantive) zu kennen, da der

Bindevokal, den das Wort bei der Mehrzahlbildung erhält, auch vor den anderen Endungen eingeschoben wird. Bei zahlreichen Hauptwörtern wird das **–t** (genau wie die Mehrzahlendung **–k**) einfach angehängt.

Wortende	Endung	Einzahl (Singular)	Mehrzahl (Plural)	Wenfall Einzahl (Akkusativ Singular)
Selbstlaut (Vokal) außer **–a** und **–e**	**–t**	kávé kifli	kávék kiflik	kávét kiflit
Selbstlaut (Vokal) **–a** und **–e**	**'–t**	tea zsemle	teák zsemlék	teát zsemlét
Mitlaut (Konsonant) *dunkles* Wort	**–ot** (**–at**)	sajt ház	sajtok házak	sajtot házat
Mitlaut (Konsonant) *helles* Wort	**–et** **–öt**	üveg mérnök	üvegek mérnökök	üveget mérnököt
Selbstlautkürzung		kenyér víz	kenyerek vizek	kenyeret vizet
Ausfall eines Selbstlautes		cukor tükör	cukrok tükrök	cukrot tükröt

Es gibt aber auch Hauptwörter, bei denen das **–t** ohne Bindevokal an einen Mitlaut (Konsonant) angehängt wird. Das betrifft vor allem Hauptwörter, die auf **–j**, **–l**, **–ly**, **–n**, **–ny**, **–r** (Sonorlaute) und **–s**, **–sz**, **–z**, **–zs** (Zischlaute) enden: **italt, margarint, lányt, bort, sört, tojást, kolbászt, dobozt**. Aber: **vajat, tejet**.

Die Mehrzahl des Wenfalles (Akkusativ) bildet man, indem man an die Mehrzahlendung des Hauptwortes die Endung **–at/–et** anhängt. Merke: Nach der Mehrzahlendung **–k** steht immer (ohne Ausnahme!) ein Bindevokal, und zwar bei *dunklen* Wörtern **–a–**, bei *hellen* **–e–**: **teákat, polcokat, cukrokat, zsemléket, üvegeket, kenyereket**.

Die Fragewörter „hány?" und „mennyi?"

Für das deutsche Fragewort *wie viel?* gibt es im Ungarischen zwei Fragewörter: **hány?** bezieht sich auf zählbare, **mennyi?** auf nicht zählbare Dinge. (Vergleichbar mit den englischen Fragewörtern *how many?* und *how much?*) Merke: Nach beiden Fragewörtern steht das Hauptwort in der Einzahl:

Hány üveg sört kér?
(Wie viel Flaschen Bier möchten Sie?)

Mennyi tejet kell hozni?
(Wie viel Milch muss man holen?)

B

Die Verneinung

Das Verneinungswort **nem** steht immer unmittelbar vor dem Satzglied, auf das es sich bezieht. Das Wort **sem** (auch nicht) drückt immer eine zweite weitere Verneinung aus. Achten Sie auf die Wortfolge: Das verneinte Satzglied gilt automatisch als betontes Satzglied, deshalb folgt danach das gebeugte Tätigkeitswort (konjugierte Verb): Ma **nem megyek** vásárolni. **Nem ma megyek** vásárolni. Ma **nem vásárolni megyek.** Ma **nem én megyek** vásárolni.

Zur Verneinung der Wörter **van** und **vannak** gibt es besondere Formen, die Sie sich merken müssen:

nem + van	= nincs	sem + van	= sincs
nem + vannak	= nincsenek	sem + vannak	= sincsenek

C

Die Bezeichnungen von Obst- und Gemüsesorten werden im Ungarischen vorwiegend in der Einzahl gebraucht. Sie bezeichnen die Menge: **Veszek krumplit, borsót és hagymát.** (Ich kaufe Kartoffeln, Erbsen und Zwiebeln.) Die im Deutschen übliche Mehrzahlform ist im Ungarischen ungebräuchlich.

Die bestimmte Beugung (Konjugation) der Tätigkeitswörter (Verben)

In diesem Abschnitt begegnen Sie der bestimmten Beugung (transitiven Konjugation) der Tätigkeitswörter in der Gegenwart (Präsens). Diese Beugung wird im Weiteren als *2. Konjugation* bezeichnet.

	Endungen	*dunkel*	*hell* (**e/é/i/í**)	*hell* (**ö/ő/ü/ű**)
én	**–om, –em, –öm**	tanul**om**	szeret**em**	köszön**öm**
te	**–od, –ed, –öd**	tanul**od**	szeret**ed**	köszön**öd**
ő/ön	**–ja, –i**	tanul**ja**	szeret**i**	köszön**i**
mi	**–juk, –jük**	tanul**juk**	szeret**jük**	köszön**jük**
ti	**–játok, –itek**	tanul**játok**	szeret**itek**	köszön**itek**
ők/önök	**–ják, –ik**	tanul**ják**	szeret**ik**	köszön**ik**

Wenn der Stamm des Tätigkeitswortes (Verbs) mit einem Zischlaut (**–s, –sz, –z**) endet, verschmilzt dieser mit dem **–j** der Endung zu einem doppelten Zischlaut: **olvas + –ja = olvassa, olvas + –juk = olvassuk, olvas + –játok = olvassátok, főz + –jük = főzzük, vesz + –jük = vesszük.**

Der Gebrauch der 1. (unbestimmten) und der 2. (bestimmten) Konjugation

Sie haben bereits beide Konjugationen der ungarischen Sprache kennen gelernt. Aber wozu braucht man überhaupt zwei Konjugationen? Worin unterscheiden sie sich? Wann benutzt man welche?
Der wesentliche Unterschied liegt darin, ob und was für ein Akkusativobjekt das Tätigkeitswort (Verb) hat. Das Akkusativobjekt ist ein im Wenfall (Akkusativ) stehendes Satzglied, das erläutert, worauf sich die Handlung des Tätigkeitswortes bezieht: Ich kaufe <u>einen Wagen</u>. Ich sehe <u>den Nachbarn</u>. Ich koche <u>einen Kaffee</u>.

Die *2. (bestimmte/transitive) Konjugation* verwendet man, wenn das Tätigkeitswort (Verb) ein bestimmtes Akkusativobjekt hat, sich demnach auf einen bestimmten Gegenstand bezieht. Die *1. (unbestimmte/intransitive) Konjugation* steht dagegen, wenn dem Tätigkeitswort (Verb) kein oder ein nur unbestimmtes Akkusativobjekt folgt. Die Tabelle fasst die wichtigsten Varianten zusammen:

1. Konjugation	2. Konjugation
a) Kein Akkusativobjekt: **Zoltán tanul.**	a) Eigenname im Wenfall (Akkusativ): **Zoltán szereti Annát.**
b) Akkusativobjekt ohne oder mit einem unbestimmten Artikel: **Veszek sört.** **Veszek egy zsemlét.**	b) Akkusativobjekt mit bestimmtem Artikel: **Kérem a kenyeret.** **Az újságot olvasom.**
c) Fragewort im Wenfall (Akkusativ): **Mit olvasol?** **Kit nézel?**	c) Fragewort **melyik?** (+ alle anderen Fürwörter mit **–ik**) im Wenfall: **Melyik könyvet olvasod?** **Melyiket kéred?**
d) Unbestimmte Fürwörter (Indefinitpronomina) im Wenfall: **Kérsz még valamit?** **Mást nem kérek.**	d) Hinweisende Fürwörter (Demonstrativpronomina) im Wenfall: **Ezt a könyvet olvasom.** **Azt az almát kérem.**
	e) Wenn ein Nebensatz folgt, der das Akkusativobjekt ausdrückt: **Tudod, hol van a mozi?**

ötödik lecke

A

Die Endung –val/–vel

Die Endung **–val/–vel** entspricht dem deutschen Verhältniswort (Präposition) *mit*. Sie wird, wie die anderen Endungen, der Vokalharmonie entsprechend, angehängt: **–val** ist die *dunkle*, **–vel** die *helle* Form. Nach einem Selbstlaut (Vokal) wird die Endung direkt angehängt: **Kati – Katival, kávé – kávéval, kifli – kiflivel.** Wenn **–a** und **–e** am Wortende stehen, werden sie auch hier zu **–á** bzw. **–é**: **Mária – Máriával, zsemle – zsemlével.**

Endet das Wort mit einem Mitlaut (Konsonant), verschmilzt das **–v–** der Endung mit dem letzten Laut des Wortes und wird zu einem doppelten (langen) Mitlaut: **cukor + –val = cukorral, tej + –vel = tejjel, Edit + –vel = Edittel.** Achten Sie bei den Mitlauten, die mit zwei Buchstaben geschrieben werden, auf die Rechtschreibung: **György – Györggyel, lány – lánnyal, kolbász – kolbásszal.**

Nach der Mehrzahlendung verschmilzt das **–v–** der Endung mit dem **–k–**: **tojások – tojásokkal, gyerekek – gyerekekkel.** Die Fragewörter mit der Endung **–val/–vel** lauten: **Kivel?** (Mit wem?) **Mivel?** (Womit?). Die entsprechenden Mehrzahlformen: **Kikkel? Mikkel?**

Die Endung –s (–os/–as/–es/–ös)

Mit Hilfe dieser Endung kann man aus Hauptwörtern (Substantiven) Eigenschaftswörter (Adjektive) bilden. Sie hat die Bedeutung *mit etwas versehen* und entspricht den deutschen Nachsilben *–ig, –lich, –haft.* Der

Bindevokal stimmt auch hier mit dem Bindevokal der Mehrzahlform überein: **sajt — sajtos, vaj — vajas, tej — tejes, sör — sörös.**

Die deutschen Zusammensetzungen (Komposita), wie Butterbrot, Milchkaffee, Paprikahuhn usw., werden im Ungarischen mit solchen Wortverbindungen aus Eigenschaftswort und Hauptwort wiedergegeben: **vajas kenyér, tejes kávé, paprikás csirke.**

hatodik lecke

A

Verhältniswörter (Postpositionen)

In dieser Lektion spielen die Ortsbestimmungen eine wesentliche Rolle. Sie haben in der 3. Lektion schon viele Endungen (Suffixe) zur Ortsbestimmung kennen gelernt. Es gibt aber im Ungarischen auch noch die Möglichkeit, Ortsbestimmungen mit Verhältniswörtern auszudrücken. Im Gegensatz zum Deutschen stehen sie aber nicht vor, sondern nach dem jeweiligen Bezugswort (man nennt sie deshalb nicht Präpositionen, son-dern Postpositionen): **a ház mellett** (neben dem Haus), **a ház mögött** (hinter dem Haus), **a ház előtt** (vor dem Haus) usw.

Einige dieser Verhältniswörter treten zusammen mit einer Endung auf, z. B.: **–val/–vel szemben** (etw./jmd. gegenüber), **a házzal szemben** (dem Haus gegenüber), **Péterrel szemben** (Peter gegenüber).

B

Die Vorsilben der Tätigkeitswörter (Verbalpräfixe)

Die Tätigkeitswörter der Bewegung (aber auch andere Tätigkeitswörter) stehen oft mit Vorsilben (Präfixen), die die Richtung der Bewegung bzw. der Handlung angeben: beszáll (einsteigen), kiszáll (aussteigen), felszáll (auf-/hochsteigen, leszáll (herunter-/absteigen) usw. In der Tabelle finden Sie die wichtigsten Vorsilben der Tätigkeitswörter mit Beispielsätzen:

be-	(hinein)	**bemegy**	Kati bemegy a szobába.
ki-	(hinaus)	**kijön**	Kati kijön a szobából.
le-	(hinunter)	**lemegy**	Kati lemegy a földszintre.
fel-	(hinauf)	**felmegy**	Kati felmegy az emeletre.
el-	(weg-)	**elmegy**	Kati elmegy otthonról.
át-	(durch, über)	**átmegy**	A busz átmegy a hídon.
	(um-)	**átszáll**	Kati átszáll a buszról a villamosra.
haza-	(nach Hause)	**hazamegy**	Kati a munka után hazamegy.

In dieser Lektion kommt außerdem auch die Vorsilbe **meg-** vor: **Meg tudja mondani, hol van a posta?** Diese Vorsilbe hat keinerlei räumliche Bedeutung, sie weist zumeist auf die Abgeschlossenheit der Handlung hin. Näheres dazu später.

Die Wortfolge beim Gebrauch der Vorsilben (Verbalpräfixe)

Eines der schwierigsten Kapitel der ungarischen Grammatik ist die Wortfolge beim Gebrauch der Vorsilben. Die wesentlichen Möglichkeiten der Wortfolge kommen in den Dialogen des Lehrbuchs vor. Im Arbeitsbuch finden Sie zusätzliche Übungen, die zur Festigung dieser grammatischen Erscheinung beitragen.

Erinnern Sie sich an die Faustregel zur Wortfolge? Nach dem betonten Satzglied muss immer das gebeugte Tätigkeitswort (konjugierte Verb) bzw. die Satzaussage (Prädikat) stehen. Diese Regel gilt auch hier. Im Folgenden werden sämtliche Wortfolgemöglichkeiten zusammengefasst:

1. bemegyek

a) Das Tätigkeitswort bzw. die Vorsilbe wird betont:
Bemegyek a szobába.

b) Der Satz ist ohne Verneinung: **Bemész a szobába?**

c) Es gibt kein zweites Tätigkeitswort (z. B. Hilfsverb, Modalverb) im Satz: **Bemegyek.**

2. ... megyek be

Weicht man von Punkt 1. a) ab und betont ein anderes Satzglied, trennt sich die Vorsilbe vom Tätigkeitswort und steht nach ihm: **A szobába megyek be. Hova mész be? A szobába mész be? Igen, a szobába megyek be.**

3. nem megyek be

Bei der Verneinung müssen Sie bedenken, dass das verneinte Satzglied automatisch auch das betonte Satzglied ist. Wird die Satzaussage, d. h. die Tätigkeit, verneint, steht **nem** unmittelbar vor dem gebeugten Teil des Tätigkeitswortes und die Vorsilbe folgt erst danach:

Bemész a szobába? Nem, nem megyek be. (Vergleiche: **Igen, bemegyek.**)

4. nem a szobába megyek be

Wird ein anderes Satzglied verneint, trennt sich die Vorsilbe ebenfalls vom Tätigkeitswort (siehe Punkt 2.): **Nem a szobába megyek be, hanem a konyhába. Nem én megyek be a szobába, hanem János.**

5. be kell menni, be akarok menni

Gibt es im Satz noch ein Tätigkeitswort (ein Hilfsverb oder ein Modalverb, z. B.: **kell, lehet, akar, szeretnék**), steht das mit der Vorsilbe versehene Tätigkeitswort (präfigierte Verb) im Infinitiv mit der Endung **–ni**.

Bei einer positiven, d. h. nicht verneinten Aussage, schiebt sich das 2. Tätigkeitswort (Hilfsverb oder Modalverb) zwischen Vorsilbe und Tätigkeitswort (Verb): **Be kell menni a szobába. Be akarok menni a szobába. (Meg tudja mondani, ...?)**

6. ... kell bemenni, ... akarok bemenni

Wird ein anderes Satzglied betont, so steht das gebeugte Tätigkeitswort direkt danach. In diesem Fall werden das 2. Tätigkeitswort (Hilfsverb oder Modalverb) und das im Infinitiv stehende Tätigkeitswort mit der Vorsilbe nicht getrennt: **A szobába akarok bemenni. Itt kell átszállni a villamosra.**

7. nem akarok bemenni

Bei einem verneinten 2. Tätigkeitswort (Hilfsverb oder Modalverb) bleiben das Tätigkeitswort und die Vorsilbe ebenfalls ungetrennt: **Nem akarok bemenni a szobába. Nem itt kell átszállni a villamosra.**

In der Übersicht sehen die Varianten folgendermaßen aus:

	nicht verneinte Aussage	*verneinte Aussage*
betontes Tätigkeitswort	bemegyek	nem megyek be
betontes anderes Satzglied	(a szobába) megyek be	(nem a szobába) megyek be
zusätzliches Tätigkeitswort, das betont wird	be akarok menni	nem akarok bemenni
zusätzliches Tätigkeitswort und anderes betontes Satzglied	(a szobába) akarok bemenni	(nem a szobába) akarok bemenni

Die Ortsbestimmungsendungen der seitlichen Nähe

In der 3. Lektion haben Sie bereits sechs Endungen der Ortsbestimmung kennen gelernt. Heute kommen drei weitere Endungen dazu, die wiederum nach den Fragen *wohin?*, *wo?*, *woher?* unterteilt werden.

Hova? (Wohin?)	Hol? (Wo?)	Honnan? (Woher?)
–hoz, –hez, –höz (zu)	–nál, –nél (bei, an)	–tól, –től (von weg)

Einige Beispiele: **Évához megyek. — Évánál vacsorázom. — Évától jövök. — Hol kell leszállni a Nyugatihoz? — A Nyugatinál találkozunk. — A Nyugatitól a hatos villamossal kell menni.**

C

Das Umstandswort (Adverb)

Das Umstandswort (Adverb) wird vom Eigenschaftswort (Adjektiv) abgeleitet und drückt die Art und Weise der Handlung aus. Es wird vorwiegend mit der Endung **–n, –an, –en** gebildet: **csúnya — csúnyán, világos — világosan, kellemes — kellemesen.** Ausnahmen: **lassú — lassan, nagy — nagyon, jó — jól, rossz — rosszul.**

hetedik lecke

A

Das Besitzerzeichen der 1. Person Einzahl (Singular)

Den deutschen besitzanzeigenden Fürwörtern (Possessivpronomina) *mein, dein, sein* usw. entsprechen im Ungarischen die so genannten Besitzerzeichen. Das sind wieder besondere Endungen, die an die Hauptwörter (Substantive) angehängt werden. Die Endung der 1. Person Einzahl (Singular) lautet **–m**. Sie wird wie die Mehrzahlendung **–k** (mit denselben Bindevokalen!) angehängt:

–m	autó	autók	az autóm	(mein Auto)
–om	barát	barátok	a barátom	(mein Freund)
–am	ház	házak	a házam	(mein Haus)
–em	férj	férjek	a férjem	(mein Mann)
–öm	sör	sörök	a söröm	(mein Bier)
Selbstlautkürzung	kenyér	kenyerek	a kenyerem	(mein Brot)
Ausfall eines Selbstlautes	tükör	tükrök	a tükröm	(mein Spiegel)

Die Endungen **–a** und **–e** im Auslaut werden wieder zu **–á** bzw. **–é**: **szoba — szobám, zsemle — zsemlém.** Wenn der Besitzer besonders betont werden soll, steht vor dem Hauptwort zusätzlich das entsprechende persönliche Fürwort (Personalpronomen): **Ez az én házam.** (Das ist *mein* Haus.)

Siezen mit „tetszik/tetszenek"

Sie haben bereits gelernt, wie man im Ungarischen siezt. Das Siezen mit **ön/önök** + 3. Person gebraucht man vorwiegend im offiziellen Umgang oder zur Anrede fremder Personen. Wenn man aber mit jemandem aus dem Bekannten-, Freundes- oder Verwandtenkreis spricht, den man (z. B. wegen des Altersunterschiedes) nicht duzt, verwendet man eine familiärere Variante der Höflichkeitsform: **tetszik** + Infinitiv (wenn man eine Person anredet), **tetszenek** + Infinitiv (wenn man mehrere Leute anredet). **Tetszik kérni egy kávét? Tetszenek kérni egy kávét?** (Möchten Sie einen Kaffee?)

Die Besitzerzeichen

In der folgenden Tabelle sind die Besitzerzeichen zusammengefasst:

Einzahl (Singular)	Endungen		Beispiele
1. Person	a/az (én)	**–m, –om, –am** **–em, –öm**	autó**m**, barát**om**, ház**am** pénz**em**, sör**öm**
2. Person	a/az (te)	**–d, –od, –ad** **–ed, –öd**	autó**d**, barát**od**, ház**ad** pénz**ed**, sör**öd**
3. Person	a/az (ő)	**–ja, –je** (nach Selbstlaut) **–a, –e** (nach Mitlaut)	autó**ja**, barát**ja** ház**a**, pénz**e**, sör**e**
Höflichkeitsform	a/az (ön)	**–ja, –je** **–a, –e**	
Mehrzahl (Plural)			
1. Person	a/az (mi)	**–nk, –unk** **–ünk**	autó**nk**, barát**unk**, ház**unk** pénz**ünk**, sör**ünk**
2. Person	a/az (ti)	**–tok, –tek, –tök** (nach Selbstlaut) **–otok, –atok, –etek** **–ötök** (nach Mitlaut)	autó**tok**, barát**otok** ház**atok**, pénz**etek** sör**ötök**
3. Person	a/az (ő!)	**–juk, –jük** (nach Selbstlaut) **–uk, –ük** (nach Mitlaut)	autó**juk**, barát**juk** ház**uk**, pénz**ük**, sör**ük**
Höflichkeitsform	a/az (önök)	**–ja, –je** **–a, –e**	(siehe 3. Person Einzahl)

1. Wenn die Person des Besitzers besonders betont wird, steht vor dem Hauptwort das entsprechende persönliche Fürwort (Personalpronomen). Eine Ausnahme bildet die 3. Person Mehrzahl (Plural): Hier steht statt **ők** das Fürwort **ő**: az én házam, a te házad, az ő háza, az ön háza, a mi házunk, a ti házatok, az ő (!) házuk.

2. Es gibt eine Reihe von Hauptwörtern (Substantive), die zwar mit einem Mitlaut (Konsonant) enden, in der 3. Person Einzahl bzw. Mehrzahl aber trotzdem die Endungen **–ja, –je** bzw. **–juk, –jük** erhalten. Es sind vorwiegend Hauptwörter mit den Endungen **–p, –t, –k, –d, –g, –n, –r**:

nap — napja, barát — barátja	*aber:*	emelet — emelete
trafik — trafikja	*aber:*	gyerek — gyereke
híd — hídja, csomag — csomagja	*aber:*	szemüveg — szemüvege
telefon — telefonja	*aber:*	szappan — szappana
kerékpár — kerékpárja	*aber:*	bor — bora

Auf diese Abweichungen wird im Lektionswortschatz hingewiesen.

3. Wenn der Besitzer kein persönliches Fürwort (Personalpronomen), sondern ein Hauptwort (Substantiv) ist, steht im Gegensatz zum Deutschen zuerst der Besitzer und dann der „Besitz" mit dem Besitzerzeichen der 3. Person Einzahl (Singular):
az orvos autója (das Auto des Arztes),
a gyerek szobája (das Zimmer des Kindes).

Merke: Auch nach einem Hauptwort in der Mehrzahl sowie nach **önök** steht — entgegen der Erwartung — das Besitzerzeichen der 3. Person Einzahl (Singular), d. h. **-ja, -je, -a, -e**:
az orvosok autója (das Auto der Ärzte),
a gyerekek szobája (das Zimmer der Kinder),
az önök háza (Ihr Haus).

Das Besitzverhältnis

Im Ungarischen gibt es kein entsprechendes Tätigkeitswort (Verb) für das deutsche Wort *haben*. Es wird mit einer anderen grammatischen Struktur ausgedrückt:
Katinak van kocsija.
(Kati hat einen Wagen.)
Péternek van pénze.
(Peter hat Geld.)
Nekem van időm.
(Ich habe Zeit.)
Der Besitzer steht im Wemfall (Dativ). Die Endung des Hauptwortes (Substantivs) im Wemfall (Dativ) lautet **-nak/-nek**. Die persönlichen Fürwörter (Personalpronomina) heißen im Wemfall (Dativ): **nekem, neked, neki, önnek, nekünk, nektek, nekik, önöknek**.
Der „Besitz" erhält das der Person entsprechende Besit-

zerzeichen, und das Tätigkeitswort (Verb) **van** verbindet das Besitzverhältnis. (Wörtlich könnte man die Struktur folgendermaßen wiedergeben: Es ist der Kati ihr Wagen. Es ist dem Peter sein Geld. Mir ist es meine Zeit.)
Das Besitzverhältnis verneint man mit Hilfe von **nincs**:
Katinak nincs kocsija.
(Kati hat keinen Wagen.)
Péternek nincs pénze.
(Peter hat kein Geld.)
Nekem nincs időm.
(Ich habe keine Zeit.)
Achten Sie bei der 3. Person Mehrzahl (Plural) auf folgende Abweichung: **a lányok lakása**, aber: **A lányoknak van lakásuk.**

Das Mehrzahlzeichen des Besitzes

Das Mehrzahlzeichen des Besitzes lautet **-i**. Folgende Endungen stehen nach Hauptwörtern (Substantiven), die mit einem Selbstlaut (Vokal) enden:

barátnő**im** (meine, deine usw. Freundinnen)	kollégá**im** (meine, deine usw. Kollegen)
barátnő**id**	kollégá**id**
barátnő**i**	kollégá**i**
barátnő**ink**	kollégá**ink**
barátnő**itek**	kollégá**itok**
barátnő**ik**	kollégá**ik**

Bei den Hauptwörtern, die mit einem Mitlaut (Konsonant) enden, werden die obigen Endungen in der Regel an die Form der 3. Person Einzahl angehängt:

ház – há**za**	há**za**im, há**za**id, há**za**i, há**za**ink, há**za**itok, há**za**ik
szék – szé**ke**	szé**ke**im, szé**ke**id, szé**ke**i, szé**ke**ink, szé**ke**itek, szé**ke**ik
út – út**ja**	út**ja**im, út**ja**id, út**ja**i, út**ja**ink, út**ja**itok, út**ja**ik
film – film**je**	film**je**im, film**je**id, film**je**i, film**je**ink, film**je**itek, film**je**ik

Ausnahme: barát – barát**ja**, barát**juk**, aber: barát**aim**, barát**aid**, barát**ai**, …

B

Zum Gebrauch der 1. und 2. Konjugation

Sie haben bereits gelernt, wann die *1. (unbestimmte)* und die *2. (bestimmte) Konjugation* der Tätigkeitswörter (Verben) verwendet werden. In diesem Abschnitt geht es um die persönlichen Fürwörter (Personalpronomina). Wird in einem Satz das so genannte Akkusativobjekt durch ein persönliches Fürwort (Personalpronomen) ausgedrückt, gelten folgende Regeln:

1. Die persönlichen Fürwörter der 1. oder 2. Person **(engem, téged, minket, titeket)** ziehen die *unbestimmte Konjugation* nach sich: **Engem Ágnesnek hívnak. Téged Gábornak hívnak.**

2. Die persönlichen Fürwörter der 3. Person bzw. der Höflichkeitsform **(őt, őket, önt, önöket)** stehen dagegen mit der *bestimmten Konjugation:* **Őt Józsefnek hívják. Önt Kovács Máriának hívják?**

Merke: Für die Fälle *ich* (Satzgegenstand/Subjekt) und *dich/euch* (Akkusativobjekt) gibt es in der ungarischen Sprache eine Sonderform: die Endung **-lak/-lek (-alak/-elek)**. Deshalb klingt eine Liebeserklärung im Ungarischen so kurz und bündig: **Szeretlek.** (Ich liebe dich.) Weitere Beispiele: **Látlak.** (Ich sehe dich.) **Látlak titeket.** (Ich sehe euch.)

Die Endung -ul/-ül

Umstandswörter (Adverbien), die Sprachen (Ungarisch, Deutsch, Französisch usw.) ausdrücken, werden mit der Endung **-ul/-ül** gebildet: **magyar – magyarul, francia – franciául, német – németül.**

Magyarul tanulok.
(Ich lerne Ungarisch.)

Franciául beszélgetünk.
(Wir unterhalten uns auf Französisch.)

Jól beszélek németül.
(Ich spreche gut Deutsch.)

C

Die Endung -ú/-ű

Mit Hilfe der Endung **-ú/-ű** kann man aus Hauptwörtern (Substantiven) Eigenschaftswörter (Adjektive) bilden. Die Bedeutung der Eigenschaftswörter entspricht der deutschen Endung *-ig*: **barna hajú** (braunhaarig), **kék szemű** (blauäugig). Diese Eigenschaftswörter bilden die Mehrzahl (Plural) mit zusätzlichen Bindevokalen **-ak/-ek: barna hajúak, kék szeműek.**

A

Die Endung –ék

Die Endung **–ék** wird meistens an Familiennamen, Vornamen, Verwandtschaftsbezeichnungen und andere Hauptwörter, die Personen bezeichnen, angehängt. Ihre Bedeutung entspricht dem deutschen *-s* bei *Müllers, Schmidts* usw.

Müllerék Berlinben laknak.
(Die Müllers wohnen in Berlin.)

Péterék Budapesten laknak.
(Peter und seine Familie wohnen in Budapest.)
A barátnőmék Rómába utaznak.
(Meine Freundin und ihre Familie / ihre Freunde fahren nach Rom.)
Achtung: Nach einem Hauptwort (Substantiv) mit der Endung **–ék** steht das Tätigkeitswort (Verb) in der 3. Person Mehrzahl!

Die Vergangenheit (Präteritum)

In der heutigen ungarischen Umgangssprache gibt es nur eine Vergangenheitsform. Die Endung für die Vergangenheit lautet **–t**. Daran werden die Personalendungen angehängt. Die Tabelle gibt einen Überblick über die *1. (unbestimmte)* und *2. (bestimmte) Konjugation* der regelmäßigen Tätigkeitswörter (Verben) in der Vergangenheit.

1. Konjugation	2. Konjugation	1. Konjugation	2. Konjugation	1. Konjugation	2. Konjugation
olvas**tam**	olvas**tam**	néz**tem**	néz**tem**	főz**tem**	főz**tem**
olvas**tál**	olvas**tad**	néz**tél**	néz**ted**	főz**tél**	főz**ted**
olvas**ott**	olvas**ta**	néz**ett**	néz**te**	főz**ött**	főz**te**
olvas**tunk**	olvas**tuk**	néz**tünk**	néz**tük**	főz**tünk**	főz**tük**
olvas**tatok**	olvas**tátok**	néz**tetek**	néz**tétek**	főz**tetek**	főz**tétek**
olvas**tak**	olvas**ták**	néz**tek**	néz**ték**	főz**tek**	főz**ték**

Die Endungen der beiden Konjugationen im Überblick:

1. Konjugation	2. Konjugation
-tam, -tem	**-tam, -tem**
-tál, -tél	**-tad, -ted**
-ott, -ett, -ött	**-ta, -te**
-tunk, -tünk	**-tuk, -tük**
-tatok, -tetek	**-tátok, -tétek**
-tak, -tek	**-ták, -ték**

Die Sonderform **-lak/-lek** (siehe Lektion **7B**) lautet in der Vergangenheit **-talak/-telek: láttalak, szerettelek.**

Natürlich gibt es auch bei der Vergangenheit einige Abweichungen:

1. Tätigkeitswörter (Verben), die mit **–l, –r, –n, –ny, –j, –ly** enden, erhalten in der 3. Person Einzahl (Singular) der *1. Konjugation* statt **–ott, –ett, –ött** nur die Endung **–t: tanult, ült, állt, ebédelt, sportolt, csinált, írt, kért, pihent, köszönt, várt.**

2. Tätigkeitswörter (Verben), die mit zwei Mitlauten (Konsonanten) oder **–ít** enden sowie viele einsilbige Tätigkeitswörter mit **–t** im Auslaut erhalten in der Vergangenheit in allen Personen die Endung **–ott, –ett, –ött.** Daran werden die Personalendungen angehängt.

javít — *1. Konjugation:* javít**ottam**, javít**ottál**, javí**tott**, javít**ottunk**, javít**ottatok**, javít**ottak**/
2. Konjugation: javít**ottam**, javít**ottad**, javít**otta**, javít**ottuk**, javít**ottátok**, javít**ották**;
takarít — takarí**tottam**, **ajánl** — aján**lottam**, **játszik** — játsz**ottam**, **tetszik** — tetsz**ettem**, **süt** — süt**öttem** usw.
Achtung: Es gibt einige wenige Ausnahmen von dieser regelmäßigen Abweichung: **lát — láttam, mond — mondtam, áll — álltam, száll — szálltam.**

Neben den regelmäßigen Tätigkeitswörtern (Verben) gibt es natürlich auch noch die unregelmäßigen Tätigkeitswörter in der Vergangenheit. Diese Formen müssen Sie lernen:

van	voltam, voltál, volt, voltunk, voltatok, voltak
megy	mentem, mentél, ment, mentünk, mentetek, mentek
jön	jöttem, jöttél, jött, jöttünk, jöttetek, jöttek
vesz*	*1. Konjugation:* vettem, vettél, vett, vettünk, vettetek, vettek
	2. Konjugation: vettem, vetted, vette, vettük, vettétek, vették
eszik	*1. Konjugation:* ettem, ettél, evett (!), ettünk, ettetek, ettek
	2. Konjugation: ettem, etted, ette, ettük, ettétek,ették
iszik	*1. Konjugation:* ittam, ittál, ivott (!), ittunk, ittatok, ittak
	2. Konjugation: ittam, ittad, itta, ittuk, ittátok, itták

* genauso: **tesz, lesz, visz, hisz**

Die Tätigkeitswörter **alszik, fekszik, haragszik** bilden die Vergangenheit aus dem Infinitivstamm: **aludni — aludtam, aludtál ...; feküdni — feküdtem, feküdtél, ...; haragudni — haragudtam, haragudtál, ...**

B

„szokott" + Infinitiv

Das Wort **szokott** steht immer mit dem Infinitiv des Tätigkeitswortes (Verbs), d. h. mit der Endung **–ni**. Es ist grammatisch gesehen eine Vergangenheitsform, die sich aber auf die Gegenwart bezieht. Sie drückt eine gewohnheitsmäßige Handlung aus. Im Gegensatz zu der eher selten verwendeten deutschen Entsprechung

etwas zu tun pflegen ist das ungarische **szokott** + Infinitiv in der Umgangssprache sehr gebräuchlich:
Hét órakor szoktam felkelni.
(Ich pflege um 7 Uhr aufzustehen. / Ich stehe gewöhnlich um 7 Uhr auf.)

C

Das bezügliche Fürwort (Relativpronomen)

Das bezügliche Fürwort (Relativpronomen) besteht aus a + Fragewort: **a + ki = aki, a + mi = ami, a + melyik = amelyik, a + hol = ahol** usw. Im Hauptsatz steht oft ein hinweisendes Fürwort (Demonstrativpronomen), das auf das bezügliche Fürwort (Relativpronomen) hinweist:

Azt a lányt keresem, aki itt lakott.
(Ich suche das Mädchen, das hier gewohnt hat.)
Azt a könyvet olvasom, amelyiket te ajánlottál.
(Ich lese das Buch, das du mir empfohlen hast.)

Die Vorsilbe (Verbalpräfix) meg-

Die Vorsilbe (Verbalpräfix) **meg-** weist auf die Abgeschlossenheit, auf die Vollendung (Perfektivität) einer Handlung hin. Wenn das Tätigkeitswort mit der Vorsilbe **meg-** in der Gegenwart steht, bezieht es sich meist auf die Zukunft, d. h. die Handlung wird in der Zukunft abgeschlossen bzw. vollendet.

Írok egy levelet./Levelet írok.	Die Handlung ist noch im Gange.
(Ich schreibe gerade einen Brief.)	
Megírtam a levelet.	Die Handlung ist abgeschlossen und
(Ich habe den Brief (fertig) geschrieben.)	es gibt ein Ergebnis.
Megírom a levelet.	Die Handlung wird erst in der
(Ich werde den Brief (fertig) schreiben.)	Zukunft ausgeführt bzw. beendet.

Die Verwendung der Vorsilbe **meg-** ist abhängig von dem so genannten Akkusativobjekt. Bei einem unbestimmten Akkusativobjekt steht das Tätigkeitswort meist ohne Vorsilbe:
Veszek egy könyvet. Vettem egy könyvet.
(Ich kaufe ein Buch. Ich habe ein Buch gekauft.)
Bei einem bestimmten Akkusativobjekt wird das Tätigkeitswort dagegen in der Regel mit der Vorsilbe verwendet:

Megveszem a könyvet. Megvettem a könyvet.
(Ich kaufe das Buch. / Ich werde das Buch kaufen. Ich habe das Buch gekauft.)
Achtung: Manche Verben bekommen statt **meg-** die Vorsilbe (Präfix) **el-** mit der gleichen Funktion: **olvas — elolvas, mesél — elmesél.** Die Vorsilben **meg-** bzw. **el-** können auch auf den Anfang einer Handlung hinweisen. Zwei solche Verben kamen in dem Märchen in diesem Abschnitt vor:

örül	(sich freuen)	**megörül**	(anfangen, sich zu freuen)
haragszik	(böse/wütend sein)	**megharagszik**	(böse/wütend werden)

Noch einige Beispiele:

szeret	(lieben)	**megszeret**	(lieb gewinnen)
tetszik	(gefallen)	**megtetszik**	(Gefallen finden an etwas)
lát	(sehen)	**meglát**	(erblicken)
alszik	(schlafen)	**elalszik**	(einschlafen)
áll	(stehen)	**megáll**	(stehen bleiben, anhalten)

A

Die Endung –i

Der Endung **–i** werden Sie in der ungarischen Sprache auf Schritt und Tritt begegnen. Mit Hilfe dieser Endung kann man aus Hauptwörtern (Substantiven) Eigenschaftswörter (Adjektive) bilden: **ma – mai** (heutig), **este – esti** (Abend-, abendlich) usw.

In diesem Abschnitt kamen Städte- bzw. Ortsnamen mit dieser Endung vor. Die Endung **–i** entspricht bei diesen Hauptwörtern der deutschen Endung *-er*: **Budapest — budapesti** (Budapester), **Berlin — berlini** (Berliner). Die von Ortsnamen (bzw. Eigennamen) abgeleiteten Eigenschaftswörter (Adjektive) werden, im Gegensatz zum Deutschen, immer kleingeschrieben: **budapesti, ausztriai, dunai, amerikai.**

Achtung: Bei der Endung **–i** werden **–a** und **–e** im Auslaut nicht lang: **Moszkva — moszkvai, Lipcse — lipcsei.** Die Mehrzahlbildung der mit **–i** abgeleiteten Eigenschaftswörter erfolgt mit **-ak, -ek: amerikaiak, budapestiek.**
Ezek az emberek amerikaiak.
(Diese Leute sind Amerikaner.)
Mi budapestiek vagyunk.
(Wir sind aus Budapest.)

B

Die Zukunft (Futur)

Die Zukunft kann man im Ungarischen, genau wie im Deutschen, durch die Gegenwart ausdrücken, vor allem dann, wenn im Satz eine Zeitbestimmung vorhanden ist:
Holnap moziba megyek.
(Morgen gehe ich ins Kino.)
Es gibt außerdem eine zusammengesetzte Zukunftsform. Sie wird mit dem Hilfsverb **fog** + Infinitiv gebildet:
Holnap moziba fogok menni.
(Ich werde morgen ins Kino gehen.)

Das Tätigkeitswort **fog** wird sowohl in der *1. (unbestimmten)* als auch in der *2. (bestimmten) Konjugation* regelmäßig gebeugt:
1. Konjugation: fog**ok**, fog**sz**, fog, fog**unk**, fog**tok**, fog**nak**; *2. Konjugation:* fog**om**, fog**od**, fog**ja**, fog**juk**, fog**játok**, fog**ják**.

Bei den Tätigkeitswörtern (Verben) mit einer Vorsilbe (Verbalpräfix) gelten die Wortfolgeregeln, die Sie in der 6. Lektion (siehe Seite 170) kennen gelernt haben:

Elmegyek Katihoz.	**El fogok menni Katihoz.**
(Ich gehe zu Kati.)	(Ich werde zu Kati gehen.)
Nem megyek el Katihoz.	**Nem fogok elmenni Katihoz.**
(Ich gehe nicht zu Kati.)	(Ich werde nicht zu Kati gehen.)
Nem Katihoz megyek el.	**Nem Katihoz fogok elmenni.**
(Nicht zu Kati gehe ich.)	(Nicht zu Kati werde ich gehen.)

Die Zukunftsform des Tätigkeitswortes **van** ist **lesz**. Es kann im Deuschen sowohl *sein (werden)* als auch *haben (werden)* bedeuten:

Este otthon vagyok.	**Este otthon leszek.**
(Am Abend bin ich zu Hause.)	(Am Abend werde ich zu Hause sein.)
Péternek új lakása van.	**Péternek új lakása lesz.**
(Peter hat eine neue Wohnung.)	(Peter wird eine neue Wohnung haben.)

C

érdekel / érdekli

Bei diesem Tätigkeitswort müssen Sie die in der 7. Lektion (siehe S. 174) erwähnten Regeln beachten: Nach den persönlichen Fürwörtern (Personalpronomina) der 1. und 2. Person im Wenfall (Akkusativ) steht die *1. (unbestimmte) Konjugation*, während nach der 3. Person bzw. der Höflichkeitsform die *2. (bestimmte) Konjugation* gebraucht wird.

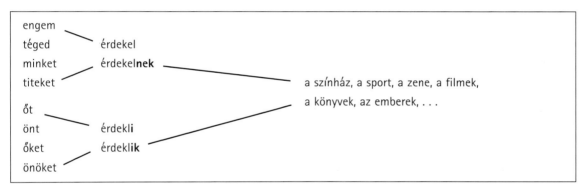

Hinweisende Fürwörter (Demonstrativpronomina) mit Endungen

Die hinweisenden Fürwörter (Demonstrativpronomina) **ez** und **az** erhalten dieselben Endungen, wie die zu ihnen gehörenden Hauptwörter (Substantive). Das **–z** des Fürworts wird dabei dem ersten Mitlaut (Konsonanten) der Endung angeglichen. Was wird nun aus der Wortverbindung **az a ház/ez a ház** (jenes/dieses Haus), wenn Endungen angehängt werden?

	Hova?	Hol?	Honnan?
Endungen des inneren Raumes	ab**ba** a ház**ba** eb**be** a ház**ba**	ab**ban** a ház**ban** eb**ben** a ház**ban**	ab**ból** a ház**ból** eb**ből** a ház**ból**
Endungen der Oberfläche	ar**ra** a ház**ra** er**re** a ház**ra**	a**zon** a ház**on** e**zen** a ház**on**	ar**ról** a ház**ról** er**ről** a ház**ról**

	Hova?	Hol?	Honnan?
Endungen der seitlichen Nähe	ah**hoz** a ház**hoz** eh**hez** a ház**hoz**	an**nál** a ház**nál** en**nél** a ház**nál**	at**tól** a ház**tól** et**től** a ház**tól**

Achtung: Nach der Mehrzahlendung **-k** erfolgt keine Angleichung: **ezekbe, azokba, ezekhez, azokhoz.** Nach der Endung **-val/-vel (azzal, ezzel)** findet dagegen in der Mehrzahl wieder eine Angleichung statt: **azokkal, ezekkel.** Einige Beispiele:

Ebben a házban lakom.
(Ich wohne in diesem Haus.)
Azon a koncerten találkoztunk.
(Wir trafen uns in jenem/in dem Konzert.)
Ezekkel az emberekkel beszélgettünk.
(Wir unterhielten uns mit diesen Leuten.)

tizedik lecke

A

Die umgangssprachliche Uhrzeitangabe

Die offizielle Uhrzeitangabe — **13 óra 42 perc, 20 óra 35 perc, …** — haben Sie bereits in der 3. Lektion (siehe Seite 163) gelernt. In der Umgangssprache verwendet man die Zahlen bis 12 mit den Wörtern **negyed, fél,** **háromnegyed,** die Sie ebenfalls schon kennen. Neu ist in diesem Abschnitt die Ergänzung zur umgangssprachlichen Uhrzeitangabe. Auf die Frage **Hány óra van?** (Wie viel Uhr ist es?) antworten Sie:

13.56	négy **perc múlva** kettő	(in 4 Minuten ist es 2 Uhr)
13.26	négy **perc múlva** fél kettő	(in 4 Minuten ist es halb 2)
13.41	négy **perc múlva** háromnegyed kettő	(in 4 Minuten ist es 3/4 2)
14.04	négy **perccel múlt** kettő	(es ist 4 Minuten nach 2)
13.34	négy **perccel múlt** fél kettő	(es ist 4 Minuten nach halb 2)
13.49	négy **perccel múlt** háromnegyed kettő	(es ist 4 Minuten nach 3/4 2)

Die Antwort auf die Frage **Hány órakor? Mikor?** (Um wie viel Uhr? Wann?) lautet:

13.56	kettő/két óra **előtt** négy **perccel**
13.26	fél kettő **előtt** négy **perccel**
13.41	háromnegyed kettő **előtt** négy **perccel**
14.04	kettő/két óra **után** négy **perccel**
13.34	fél kettő **után** négy **perccel**
13.49	háromnegyed kettő **után** négy **perccel**

Zeitbestimmungen (Temporalangaben)

1. Die Endung -ig

Die Endung **-ig** kann entsprechend dem deutschen Verhältniswort *bis* einen bestimmten Zeit(end)punkt bezeichnen.

Nyolctól négyig dolgozom.
(Ich arbeite von 8 bis 4 Uhr.)
Sie kann aber auch eine Zeitdauer ausdrücken:
Hány óráig tart az út? — Két és fél óráig.
(Wie lange dauert die Fahrt? — Zweieinhalb Stunden.)

2. Das Verhältniswort (Postposition) „alatt"

Das Verhältniswort (Postposition) **alatt** kann ebenfalls eine Zeitdauer ausdrücken. Es bedeutet im Deutschen *innerhalb welcher Zeit?*:
Hány óra alatt érünk Budapestre? — Két óra alatt.
(Innerhalb welcher Zeit kommen wir in Budapest an? — In/Innerhalb von zwei Stunden.)

Außerdem hat dieses Verhältniswort auch die zeitliche Bedeutung *während* sowie die örtliche Bedeutung *unter*.

3. Der Wenfall (Akkusativ) als Zeitbestimmung

Eine Zeitdauer kann im Ungarischen auch mit dem Wenfall (Akkusativ) ausgedrückt werden:
Egy órát vártunk.
(Wir haben eine Stunde gewartet.)
Nyolc órát aludtam.
(Ich habe acht Stunden geschlafen.)

4. Das Verhältniswort (Postposition) „múlva"

Das Verhältniswort (Postposition) **múlva** entspricht dem deutschen *in* mit zeitlicher Bedeutung:
Két hét múlva utazom Budapestre.
(In zwei Wochen fahre ich nach Budapest.)

B

Die Ordnungszahlwörter (Ordinalzahlen)

Die Ordnungszahlwörter werden mit Hilfe der Endung **-dik (-odik, -adik, -edik, -ödik)** gebildet. Es gibt eine Ausnahme, und zwar **első**.

1.	első	**10.**	tizedik	**60.**	hatvanadik
2.	második	**11.**	tizenegyedik	**70.**	hetvenedik
3.	harmadik	**12.**	tizenkettedik	**80.**	nyolcvanadik
4.	negyedik	**13.**	tizenharmadik	**90.**	kilencvenedik
5.	ötödik		. . .	**100.**	századik
6.	hatodik	**20.**	huszadik		
7.	hetedik	**30.**	harmincadik		
8.	nyolcadik	**40.**	negyvenedik		
9.	kilencedik	**50.**	ötvenedik		

Achten Sie auf die Unterschiede: **első — tizenegyedik — huszonegyedik, . . .; második — tizenkettedik — huszonkettedik, . . .**

Das Datum

Auf die Frage **Hányadika van ma?** (Der Wievielte ist heute?) antworten Sie:

szeptember 1-je	(elseje)
2-a	(második)
4-e	(negyedike)

Die Endung nach der Ordnungszahl ist ein Besitzerzeichen (3. Person Einzahl) und bedeutet *der erste, zweite, vierte usw. (Tag) des Septembers.*

Die Antwort auf die Frage **Hányadikán? Mikor?** (Am Wievielten? Wann?) lautet:

szeptember 1-jén	(elsején)
2-án	(másodikán)
4-én	(negyedikén)

Beantwortet das Datum die Frage *wann?*, erhält die Ordnungszahl nach dem Besitzerzeichen zusätzlich die Endung **-n** (wie bei den Wochentagen): **hétfőn, kedden.**

Angabe des Jahres, des Monats und der Jahreszeit

Die Jahreszahl steht als Zeitbestimmung immer mit der Endung **-ban, -ben**:

1993-ban voltam Magyarországon.
(Ich war 1993 in Ungarn.)

1965-ben születtem.
(Ich bin 1965 geboren.)

Wenn man den Monat bzw. die Jahreszeit hinzufügt, steht die Jahreszahl ohne Endung, der Monat oder die Jahreszeit erhält dafür ein Besitzerzeichen:

1992 októbere
1992 októberében született.
(Er/Sie ist im Oktober 1992 geboren.)

1991 tavasza
1991 tavaszán voltam Budapesten.
(Ich war im Frühling 1991 in Budapest.)

Beim vollständigen Datum ist die Reihenfolge der Angaben genau umgekehrt wie im Deutschen, d. h.: Jahr, Monat, Tag:

1965. február 1-je
1965. február elsején születtem.
(Ich bin am 1. Februar 1965 geboren.)

C

Die deutschen unpersönlichen Sätze *(Es ist . . .)* werden im Ungarischen mit dem Tätigkeitswort (Verb) **van** wiedergegeben:

Hideg van.
(Es ist kalt.)

Tavasz van.
(Es ist Frühling.)

Hétfő van.
(Es ist Montag.)

A

Der Wemfall (Dativ)

Die Endung des Wemfalls ist **–nak, –nek**. Dieser Endung sind Sie bereits mehrmals begegnet. Zum einen bei dem Tätigkeitswort (Verb) **hívnak** in der 1. Lektion: **Tamásnak hívnak. Tündének hívnak.** Zum anderen in der 7. Lektion beim Ausdruck des Besitzverhältnisses: **Katinak van kocsija. Péternek új lakása van.**

In diesem Abschnitt kommt der Wemfall (Dativ) in seiner ursprünglichen Bedeutung vor: *jmd. etw. wünschen, schenken* usw.
Veszünk Juditnak virágot.
(Wir kaufen für Judit Blumen.)
Boldog születésnapot kívánok a feleségednek.
(Ich wünsche deiner Frau alles Gute zum Geburtstag.)

B

Das wechselbezügliche Fürwort (reziproke Pronomen) „egymás"

Das Fürwort (Pronomen) **egymás** bedeutet *einander*. Dieses Wort kann im Satz wie ein Hauptwort (Substantiv) mit Endungen versehen werden: **egymást** (*einander* im Wenfall/Akkusativ), **egymásnak** (*einander* im Wemfall/Dativ), **egymástól** (*von einander*), **egymással** (*miteinander*) usw.

C

Persönliche Fürwörter (Personalpronomina) mit Endungen bzw. Verhältniswörtern (Postpositionen)

Sie kennen schon den Wenfall (Akkusativ) und den Wemfall (Dativ) der ungarischen persönlichen Fürwörter. Wenn Sie nun aber andere Endungen, z. B. die Endungen der Ortsbestimmung, **–val/–vel** oder Verhältniswörter (Postpositionen) mit einem persönlichen Fürwort verbinden, passiert etwas Außergewöhnliches: Die Endung bzw. das Verhältniswort wird mit weiteren Endungen versehen. Die Endung (Suffix) erhält die entsprechenden Besitzerzeichen, die das persönliche Fürwort (Personalpronomen) ersetzen und seine Bedeutung übernehmen:
én + **–val/–vel** = **velem**   (mit mir),
te + **–val/–vel** = **veled**   (mit dir).
Die Bildung dieser Formen ist nicht immer regelmäßig, deshalb hier eine kurze tabellarische Übersicht:

–ba, –be	belém, beléd, belé(je), belénk, belétek, beléjük*
–ban, –ben	bennem, benned, benne, bennünk, bennetek, bennük*
–ból, –ből	belőlem, belőled, belőle, belőlünk, belőletek, belőlük*
–ra, –re	rám, rád, rá(ja), ránk, rátok, rájuk
–n, –on, –en, –ön	rajtam, rajtad, rajta, rajtunk, rajtatok, rajtuk

-ról, -ről	rólam, rólad, róla, rólunk, rólatok, róluk
-hoz, -hez, -höz	hozzám, hozzád, hozzá, hozzánk, hozzátok, hozzájuk
-nál, -nél	nálam, nálad, nála, nálunk, nálatok, náluk
-tól, -től	tőlem, tőled, tőle, tőlünk, tőletek, tőlük
-val, -vel	velem, veled, vele, velünk, veletek, velük

* Diese Formen brauchen Sie selten.

Verhältniswörter (Postpositionen) werden dagegen ganz regelmäßig mit den Besitzerzeichen versehen: **mellettem** (neben mir), **melletted** (neben dir), **mögöttünk** (hinter uns), **előttetek** (vor euch) usw.

Die verneinenden Fürwörter (Negativpronomina) und die doppelte Verneinung

Sie haben in dieser Lektion einige verneinende Fürwörter (Negativpronomina) gelernt: **senki** (niemand), **semmi** (nichts), **sehol** (nirgends), **soha** (nie) usw. Bei solchen Wörtern muss die Satzaussage (Prädikat) bzw. das Tätigkeitswort (Verb) ebenfalls verneint werden. Dazu benötigen Sie die Verneinungswörter **nem, nincs, nincsenek,** die in der Umgangssprache häufig durch **sem,** **sincs, sincsenek** ersetzt werden, allerdings nur nach dem verneinenden Fürwort:

Ebben a házban nem lakik senki./Ebben a házban senki sem lakik.
(In diesem Haus wohnt niemand.)
Senki nincs/sincs otthon.
(Niemand ist zu Hause.)

---

tizenkettedik lecke

A

Organe, die in Paaren vorkommen, stehen im Ungarischen, anders als im Deutschen, in der Einzahl: **Fáj a szemem.**
(Mir tun die Augen weh.)

Das rückbezügliche Fürwort (Reflexivpronomen)

Das rückbezügliche Fürwort (Reflexivpronomen) im Ungarischen heißt **maga** (sich selbst):

Jól érzem magam.
(Ich fühle mich wohl.)

Jól érzi magát.
(Er/Sie fühlt sich wohl.)

Das rückbezügliche Fürwort im Wenfall (Akkusativ) verlangt die *2. (bestimmte) Konjugation.*
Werfall (Nominativ): **magam, magad, maga, magunk, magatok, maguk.**
Wenfall (Akkusativ): **magam(at), magad(at), magát, magunkat, magatokat, magukat.**

B

Die Befehlsform (Imperativ)

Im Ungarischen kann man die Befehlsform in jeder Person bilden. Sie entspricht der deutschen Befehlsform (Imperativ) bzw. dem Hilfsverb *sollen*. Die Endung der Befehlsform lautet **-j**. Sie wird zwischen den Stamm des Tätigkeitswortes und den Personalendungen eingeschoben.

Die 1. (unbestimmte) Konjugation

-jak, -jek	tanuljak	kérjek	köszönjek
-j(ál), -j(él)	tanulj(ál)	kérj(él)	köszönj(él)
-jon, -jen, -jön	tanuljon	kérjen	köszönjön
-junk, -jünk	tanuljunk	kérjünk	köszönjünk
-jatok, -jetek	tanuljatok	kérjetek	köszönjetek
-janak, -jenek	tanuljanak	kérjenek	köszönjenek

Die 2. (bestimmte) Konjugation

-jam, -jem	tanuljam	kérjem	köszönjem
-(ja)d, -(je)d	tanul(ja)d	kér(je)d	köszön(je)d
-ja, -je	tanulja	kérje	köszönje
-juk, -jük	tanuljuk	kérjük	köszönjük
-játok, -jétek	tanuljátok	kérjétek	köszönjétek
-ják, -jék	tanulják	kérjék	köszönjék

In der 2. Person Einzahl (Singular) gibt es eine Lang- und eine Kurzform. In der Umgangssprache ist die Kurzform gebräuchlicher. Natürlich gibt es von diesen regelmäßigen Bildungen wieder einige Abweichungen:

1. Tätigkeitswörter (Verben) mit Zischlaut am Ende

Die auslautenden Zischlaute **-s**, **-z**, **-sz** verschmelzen mit dem **-j** zu einem doppelten/langen Zischlaut:
olvas + -j = olvass
1. Konjugation: **olvassak, olvass(ál), olvasson, . . .**
2. Konjugation: **olvassam, olvassad/olvasd, olvassa, . . .**
néz + -j = nézz
1. Konjugation: **nézek, nézz(él), nézzen, . . .**
2. Konjugation: **nézzem, nézzed/nézd, nézze, . . .**
játsz/ik + -j = játssz
1. Konjugation: **játsszak, játssz(ál), játsszon, . . .**
2. Konjugation: **játsszam, játsszad/játszd, játssza, . . .**

2. Tätigkeitswörter (Verben) mit -t im Auslaut

a) Steht vor dem **-t** ein kurzer Selbstlaut (Vokal), verschmilzt **-t + -j** zu einem langen **-ss**:
köt + -j = köss
1. Konjugation: **kössek, köss(él), kössön, . . .**
2. Konjugation: **kössem, kössed/kösd, kösse, . . .**
Dies gilt auch für die Tätigkeitswörter (Verben):
fizet — fizess, szeret — szeress, hallgat — hallgass, beszélget — beszélgess, auch: **lát — láss.**
b) Steht vor dem **-t** ein langer Selbstlaut (Vokal) oder ein Mitlaut (Konsonant), wird aus **-t + -j** ein **-ts**:
tanít — taníts; tanítsd
tisztít — tisztíts; tisztítsd
tölt — tölts; töltsd

3. Die unregelmäßigen Tätigkeitswörter (Verben)

jön	megy	vesz 1. Konjugation	vesz 2. Konjugation
jöjjek	menjek	vegyek	vegyem
jöjj(él)/gyere	menj(él)	vegyél/végy	vegyed/vedd
jöjjön	menjen	vegyen	vegye
jöjjünk/gyerünk	menjünk	vegyünk	vegyük
jöjjetek/gyertek	menjetek	vegyetek	vegyétek
jöjjenek	menjenek	vegyenek	vegyék

Die Tätigkeitswörter (Verben) **tesz, lesz, visz, eszik, iszik** werden wie **vesz** konjugiert. Nicht alle haben jedoch eine Kurzform in der *2. Person Einzahl*: **tesz — tégy/tedd, lesz — légy, visz — vigyél/vidd, eszik — egyél/edd, iszik — igyál/idd.**

Das Tätigkeitswort **hisz** wird ebenso konjugiert, allerdings mit langem **–gy–: higgyek, higgyél, higgyen, . . .**

Die Tätigkeitswörter **alszik, fekszik, haragszik** bilden die Befehlsform aus dem Infinitivstamm: **aludni — aludj, feküdni — feküdj, haragudni — haragudj.**

Vor der Befehlsform des Tätigkeitswortes steht im Falle einer Verneinung statt **nem** nur **ne** :
Nem megyek moziba.
(Ich gehe nicht ins Kino.)
Ne menj moziba!
(Geh nicht ins Kino.)

In der Befehlsform trennt sich die Vorsilbe (Verbalpräfix) von dem Tätigkeitswort (Verb) und steht nach ihm:
Bemegyek a szobába.
(Ich gehe ins Zimmer hinein.)
Menj be a szobába!
(Geh ins Zimmer hinein.)
Ne menj be a szobába!
(Geh nicht ins Zimmer hinein.)

Der Infinitiv mit Personalendungen

Im Ungarischen kann der Infinitiv (Grundform mit der Endung **-ni**) entweder in der unpersönlichen Form vorkommen oder mit Personalendungen versehen werden. Sie werden mit den unpersönlichen Tätigkeitswörtern (Verben) **kell** (man muss), **szabad** (man darf), **lehet** (man kann, es ist möglich) verbunden. Da man diese Tätigkeitswörter nicht beugen (konjugieren) kann, zeigt der Infinitiv, wer etwas tun muss, darf oder kann.

-nom, -nem, -nöm	tanulnom	néznem	főznöm
-nod, -ned, -nöd	tanulnod	nézned	főznöd
-nia, -nie	tamulnia	néznie	főznie
-nunk, -nünk	tanulnunk	néznünk	főznünk
-notok, -netek, -nötök	tanulnotok	néznetek	főznötök
-niuk, -niük	tanulniuk	nézniük	főzniük

Der Satzgegenstand (Subjekt) steht in solchen Sätzen im Wemfall (Dativ):

Nekem pihennen kell.
(Ich muss mich erholen.)
Andrásnak tanulnia kell.
(Andreas muss lernen.)
Die Fürwörter nekem, neked, neki usw. können weggelassen werden, da die Endung eindeutig auf die handelnde Person hinweist:

Dolgoznom kell.
(Ich muss arbeiten.)
Pihenned kell.
(Du musst dich erholen.)
Sie müssen nur stehen, wenn die Person besonders hervorgehoben werden soll:
Neked kell bevásárolnod, én nem érek rá.
(Du musst einkaufen, ich habe keine Zeit.)

Die Endung -szor/-szer/-ször (Multiplikativ)

Die Endung **-szor, -szer, -ször** bedeutet *mal*: **egyszer** (einmal), **kétszer** (zweimal), **háromszor** (dreimal), **ötször** (fünfmal) usw.

Zeitbestimmungen mit „óta" und Besitzerzeichen

Das Verhältniswort (Postposition) **óta** entspricht dem deutschen *seit*. Die Frage nach einem Zeitpunkt in der Vergangenheit lautet: **Mióta?** (Seit wann?). Die Antworten:

hétfő óta	(seit Montag)
kedd óta	(seit Dienstag)
február óta	(seit Februar)
1980 óta	(seit 1980)
tegnap óta	(seit gestern)

Wenn Sie nicht den Anfangspunkt des Geschehens, sondern die seitdem vergangene Zeit ausdrücken wollen, benötigen Sie das Besitzerzeichen (3. Person Einzahl, Endung -ja, -je, -a, -e):

egy éve	(seit einem Jahr)
két hónapja	(seit zwei Monaten)
egy hete	(seit einer Woche)
két napja	(seit zwei Tagen)

---

tizenharmadik lecke

A

Das Besitzzeichen -é

Das Besitzzeichen lautet in der Einzahl **-é**, in der Mehrzahl **-éi**. Diese Endung weist auf einen bereits bekannten Besitz hin und erklärt, wem dieser Besitz gehört:
Kié ez a kabát?
(Wem gehört dieser Mantel?)
Ez a kabát Péteré.
(Dieser Mantel gehört Peter.)
Die Mehrzahlform **-éi** wird gebraucht, wenn es um mehrere Besitztümer geht:

Ezek a könyvek Katiéi.
(Diese Bücher gehören Kati.)
Das Besitzzeichen steht auch bei einem Vergleich, wenn die Wiederholung eines Hauptwortes (Substantivs) vermieden werden soll:
Az én kocsim régi, az apámé új.
(Mein Wagen ist alt, der meines Vaters ist neu.)
Judit lakása modern, Katié régimódi.
(Judits Wohnung ist modern, die von Kati ist altmodisch.)

Nach dem Besitzzeichen **–é** können noch andere Endungen (Kasussuffixe) folgen: **–t, –nak/–nek, –ban/–ben** usw.:

A mi lakásunkban van fürdőszoba, Csilláéban nincs.
(In unserer Wohnung gibt es ein Badezimmer, in der von Csilla nicht.)

Besitzanzeigende Fürwörter (Possessivpronomina)

Eine ähnliche Funktion wie die oben erwähnte Endung haben die besitzanzeigenden Fürwörter (Possessivpronomina). Sie ersetzen die persönlichen Fürwörter (Personalpronomina) mit dem Besitzzeichen **–é** bzw. **–éi**.
Im Gegensatz zum Deutschen (*mein* Hut, *dein* Mantel) können die besitzanzeigenden Fürwörter im Ungarischen nicht als Beifügung (Attribut) zum Hauptwort (Substantiv) stehen. Dafür gibt es die Besitzerzeichen

(siehe Lektion 7, Seite 172). Die besitzanzeigenden Fürwörter stehen immer allein und ersetzen ein Hauptwort (Substantiv).
Ez a kalap az enyém.
(Dieser Hut ist meiner. / gehört mir.)
Ez a könyv a tied.
(Dieses Buch ist deines. / gehört dir.)
A te autód új, az enyém régi.
(Dein Auto ist neu, meines ist alt.)

B

Die Steigerung der Eigenschaftswörter (Komparation der Adjektive)

Die Endung der *1. Steigerungsstufe* (Komparativ) lautet **–bb, –abb, –ebb**. In der *2. Steigerungsstufe* (Superlativ) wird die gesteigerte Form zusätzlich mit der Vorsilbe **leg-** erweitert:

olcsó	olcsó**bb**	**leg**olcsó**bb**
magas	magas**abb**	**leg**magas**abb**
rövid	rövid**ebb**	**leg**rövid**ebb**

Natürlich gibt es auch hier wieder einige unregelmäßige Formen:

jó	**jobb**	**leg**jobb
szép	**szebb**	**leg**szebb
nagy	**nagyobb**	**leg**nagyobb
hosszú	**hosszabb**	**leg**hosszabb
sok	**több**	**leg**több
kevés	**kevesebb**	**leg**kevesebb
bő	**bővebb**	**leg**bővebb

Der Vergleich

Im Ungarischen vergleicht man am häufigsten mit dem Wort **mint**, das dem Deutschen *als* bzw. *wie* entspricht:
Péter olyan magas, mint Pál.
(Peter ist so groß wie Paul.)
Péter magasabb, mint Pál.
(Peter ist größer als Paul.)
Wenn bereits eine Steigerungsform vorhanden ist, können Sie auch mit Hilfe der Endung **–nál, –nél** vergleichen, die an das zu vergleichende Wort angehängt wird:
Péter magasabb Pálnál.
(Peter ist größer als Paul.)

Pál alacsonyabb Péternél.
(Paul ist kleiner als Peter.)
Wenn Sie beim Vergleich den Unterschied ausdrücken wollen, benötigen Sie die Endung **–val, –vel**, die in dieser Verwendung dem deutschen Verhältniswort (Präposition) *um* entspricht:
Kati két évvel idősebb Máriánál.
(Kati ist (um) zwei Jahre älter als Maria.)
Péter 5 centiméterrel magasabb Pálnál.
(Peter ist (um) 5 Zentimeter größer als Paul.)

C

Der Zwecksatz (Finalsatz)

In so genannten Zwecksätzen, in denen im Deutschen *um ... zu* oder *damit* steht, benötigen Sie im Ungarischen das Bindewort (Konjunktion) **hogy**. Das Tätigkeitswort (Verb) des mit **hogy** eingeleiteten Nebensatzes steht in der Befehlsform (Imperativ).

Elmegyek az áruházba, hogy vegyek egy új kabátot.
(Ich gehe ins Kaufhaus, um (mir) einen neuen Mantel zu kaufen.)
Vettem neked könyveket, hogy többet olvass.
(Ich habe dir Bücher gekauft, damit du mehr liest.)

---

tizennegyedik lecke

B

Die Möglichkeitsform –hat/-het

Die Möglichkeitsform des ungarischen Tätigkeitswortes (Verbs) entspricht in der Regel den deutschen Modalverben *können* und *dürfen*. Sie wird mit dem Stamm des Tätigkeitswortes und der Endung **–hat/-het** gebildet. Diese Form wird dann wie jedes regelmäßige Tätigkeitswort (Verb) gebeugt.
Merke: Möglichkeitsform = Stamm des Tätigkeitswortes + **-hat/-het** + Personalendungen:

ad + –hat + –ok = adhatok
(ich kann/darf geben)
beszél + –het + –sz = beszélhetsz
(du kannst/darfst sprechen)

Die Möglichkeitsform in der Vergangenheit lautet:
ad + –hat + –tam = adhattam
(ich konnte/durfte geben)
beszél + –het + –tél = beszélhettél
(du konntest/durftest sprechen)

Unregelmäßige Formen, die Sie einfach lernen müssen, gibt es natürlich auch:

jön	**jöhet**	visz	**vihet**
megy	**mehet**	hisz	**hihet**
eszik	**ehet**	alszik	**alhat**
iszik	**ihat**	fekszik	**fekhet**
tesz	**tehet**	haragszik	**haragudhat**
vesz	**vehet**	fürdik	**fürödhet**
lesz	**lehet**		

Das deutsche Modalverb *dürfen* können Sie entweder mit der Möglichkeitsform oder mit dem Wort **szabad** wiedergeben:
Vehetek egy süteményt?
(Darf ich ein Stück Kuchen nehmen?)
Szabad itt fürödni?
(Darf man hier baden?)

Das Modalverb *können* drücken Sie entweder mit der Möglichkeitsform, oder — vor allem, wenn es um eine Fähigkeit, und nicht um eine Möglichkeit geht — mit dem Tätigkeitswort **tud** aus:
Most van időm, most olvashatok egy kicsit.
(Jetzt habe ich Zeit, jetzt kann ich ein wenig lesen.)
Anna hat éves, de már tud olvasni.
(Anna ist sechs Jahre alt, aber sie kann schon lesen.)

Die Endung –ért

Die Endung **–ért** kann mehrere Funktionen haben. In dieser Lektion entspricht sie dem deutschen Verhältniswort (Präposition) *für*.

100 euróért fizetünk 26 520 forintot.
(Für 100 Euro zahlen wir 26 520 Forint.)

Hány forintért vetted ezt a könyvet? – Kétszáz forintért.
(Für wie viel Forint hast du dieses Buch gekauft? – Für 200 Forint.)

Achtung: Wenn Sie *für* durch den Wemfall (Dativ) ersetzen können, müssen Sie im Ungarischen die Endung des Wemfalls **–nak, –nek** verwenden. In diesen Fällen kann nicht die Endung **–ért** stehen:

Veszek Péternek egy könyvet.
(Ich kaufe für Peter ein Buch.)

C

Die Bedingungsform in der Gegenwart (Präsens)

Die Bedingungsform entspricht dem deutschen Konjunktiv: *ich würde etw. machen, ich hätte etw. gemacht.* Die Endung der Bedingungsform lautet **–na, –ne, –ná, –né.** Die Beugung der Tätigkeitswörter (Verben):

1. (unbestimmte) Konjugation

–nék (auch bei *dunklen* Wörtern!)	adnék	néznék
–nál, –nél	adnál	néznél
–na, –ne	adna	nézne
–nánk, –nénk	adnánk	néznénk
–nátok, –nétek	adnátok	néznétek
–nának, –nének	adnának	néznének

2. (bestimmte) Konjugation

–nám, –ném	adnám	nézném
–nád, –néd	adnád	néznéd
–ná, –né	adná	nézné
–nánk, –nénk	adnánk	néznénk
–nátok, –nétek	adnátok	néznétek
–nák, –nék	adnák	néznék

Bei Tätigkeitswörtern mit zwei Mitlauten (Konsonanten) oder **–ít** im Auslaut wird wie beim Infinitiv ein zusätzlicher Bindevokal eingeschoben: **tölt — tölteni — töltene, ért — érteni — értene, tanít — tanítani — tanítana.**

Achtung: Die Sonderform **–lak, –lek** lautet hier: **látná-lak, néznélek**. Und außerdem gibt es natürlich auch unregelmäßige Tätigkeitswörter (Verben) in der Bedingungsform:

jön	**jönne**	visz	**vinne**
megy	**menne**	eszik	**enne**
van	**volna***	iszik	**inna**
lesz	**lenne***	alszik	**aludna**
tesz	**tenne**	fekszik	**feküdne**
vesz	**venne**	haragszik	**haragudna**

*volna = lenne = wäre

Die Bedingungsform in der Vergangenheit (Präteritum)

Die Vergangenheit der Bedingungsform wird gebildet, indem man zur Vergangenheitsform des Tätigkeitswortes (nach Person und Zahl gebeugt) das Wort **volna** ergänzt: **írtam volna** (ich hätte geschrieben), **írtál volna** (du hättest geschrieben), **írt volna** (er/sie hätte geschrieben).
Die entsprechende Form von **van** ist **lett volna (lettem volna, lettél volna, . . .)**, die sowohl *wäre gewesen* als auch *hätte gehabt* ausdrücken kann:
Ha nem lettem volna beteg, én is elmentem volna.
(Wenn ich nicht krank gewesen wäre, wäre ich auch hingegangen.)

Ha lett volna időm, elmentem volna.
(Wenn ich Zeit gehabt hätte, wäre ich hingegangen.)

Wenn die Möglichkeitsform und die Bedingungsform zusammen auftreten, entspricht das Tätigkeitswort dem deutschen Wort *könnte*:
Elmehetnénk moziba.
(Wir könnten ins Kino gehen.)
Találkozhatnánk ma este.
(Wir könnten uns heute Abend treffen.)

---

tizenötödik lecke

Die Tätigkeitswörter des Bewirkens (faktitive Verben)

Diese Tätigkeitswörter drücken aus, dass jemand eine Handlung nicht selbst ausführt, sondern sie durch eine andere Person ausführen lässt. Im Deutschen lautet die entsprechende Konstruktion Infinitiv + *lassen*. Im Ungarischen bildet man aus dem aktiven Tätigkeitswort (Verb) mit der Endung **–at, –et, –tat, –tet** Tätigkeitswörter des Bewirkens (faktitive Verben): **mosat** (waschen lassen), **írat** (schreiben lassen), **csináltat** (machen lassen), **kéret** (bitten lassen) usw. Die faktitiven Tätigkeitswörter können genau wie andere regelmäßige Tätigkeitswörter gebeugt (konjugiert) werden.
Die Endung **–at, –et** steht bei einsilbigen Tätigkeitswörtern und bei Tätigkeitswörtern, die mit einem Mitlaut (Konsonant) + **–t** enden: **írat, kéret, várat, nézet,**

mosat, főzet, ragasztat, értet, töltet.
Die Endung **–tat, –tet** folgt bei mehrsilbigen Tätigkeitswörtern sowie bei Tätigkeitswörtern, die mit einem Selbstlaut (Vokal) + **–t** enden: **dolgoztat, olvastat, beszéltet, kerestet, taníttat, kinyittat, tisztíttat, köttet.**

Die unregelmäßigen Tätigkeitswörter lauten:

tesz	**tetet**	iszik	**itat**
vesz	**vetet**	hisz	**hitet**
visz	**vitet**	alszik	**altat**
eszik	**etet**	fekszik	**fektet**

Achtung: Von den Tätigkeitswörtern **van, jön, megy, lesz** können keine faktitiven Formen gebildet werden. Die Person, die die eigentliche Handlung ausführt, steht

nach dem Tätigkeitswort des Bewirkens mit der Endung **–val, –vel**:
Megjavíttatom a tévét a szerelővel.
(Ich lasse den Fernseher vom Mechaniker reparieren.)

tizenhatodik lecke

In dieser Lektion begegnen Ihnen einige grammatische Erscheinungen, die Sie nicht unbedingt aktiv beherrschen müssen. Sie sollten aber in der Lage sein, diese Strukturen bei der Lektüre von Originaltexten, Zei-

tungen usw. zu erkennen und zu verstehen. In der Schriftsprache spielen die Mittelwörter (Partizipien) eine durchaus wichtige Rolle.

Das Mittelwort der Gegenwart (Partizip Präsens)

Das Mittelwort der Gegenwart wird aus dem Stamm des Tätigkeitswortes (Verb) und der Endung **–ó, –ő** gebildet: **olvasó** (lesend), **tanuló** (lernend), **álló** (stehend), **ülő** (sitzend), **élő** (lebend), **beszélő** (sprechend).

Viele dieser Mittelwörter werden auch als Hauptwörter (Substantive) verwendet: **olvasó** (der Leser), **tanuló** (der Schüler), **eladó** (der Verkäufer), **író** (der Schriftsteller), **néző** (der Zuschauer) usw.

Bei einigen Tätigkeitswörtern tritt ein Selbstlautausfall auf: **érdekel — érdeklő, gyakorol — gyakorló, vásárol — vásárló, üdvözöl — üdvözlő**.
Die Mittelwörter können im Satz durch andere Satzglieder erweitert werden:
a szobában ülő nő
(die im Zimmer sitzende Frau)

Das Mittelwort der Gegenwart bei den unregelmäßigen Tätigkeitswörtern lautet:

jön	**jövő**	eszik	**evő**
megy	**menő**	iszik	**ivó**
van/lesz	**levő/lévő**	hisz	**hívő**
tesz	**tevő**	alszik	**alvó**
visz	**vivő**	fekszik	**fekvő**

az utca sarkán álló ház
(das an der Ecke der Straße stehende Haus)
a táskámban lévő könyvek
(die sich in meiner Tasche befindenden Bücher/die Bücher in meiner Tasche)

Das Mittelwort der Vergangenheit (Partizip Perfekt)

Das Mittelwort der Vergangenheit (Partizip Perfekt) ist bis auf wenige Ausnahmen mit der 3. Person Einzahl (Singular) der *1. (unbestimmten) Konjugation* in der Vergangenheit identisch. Die Endung lautet **–t, –ott, –ett, –ött**:

a várt levél
(der erwartete Brief)
az elolvasott könyv
(das gelesene Buch)
a keresett személy
(die gesuchte Person)

töltött paprika
(gefüllte Paprika)
Auch diese Mittelwörter können durch andere Satzglieder erweitert werden:
a hetek óta várt levél
(der seit Wochen erwartete Brief)
lekvárral töltött palacsinta
(mit Marmelade gefüllte Palatschinken).

Mittelwort der Umstandsbestimmung (Adverbialpartizip)

Das Mittelwort der Gegenwart (Partizip Präsens) und das Mittelwort der Vergangenheit (Partizip Perfekt) können im Satz nur als Beifügung (Attribut) stehen. Dagegen hat das Adverbialpartizip die Funktion einer Umstandsbestimmung. Es drückt die Art und Weise der Handlung aus. Es wird aus dem Stamm des Tätigkeitswortes und der Endung **–va, –ve** gebildet:

Ülve egyél, ne állva!
(Iss sitzend und nicht stehend! / Iss im Sitzen und nicht im Stehen!)

Énekelve megyek az utcán.
(Ich gehe singend auf der Straße.)
Einige Tätigkeitswörter können mit der Endung **–va, –ve** eine Zustandsbestimmung ausdrücken. Das häufigste Beispiel finden Sie am Eingang von Geschäften, Museen usw.: **nyitva** (geöffnet), **zárva** (geschlossen):

A múzeum nyitva van.
(Das Museum ist geöffnet.)
A múzeum hétfőn zárva van.
(Das Museum ist am Montag geschlossen.)

Das Fragewort –e

Wenn ein Fragesatz ohne Fragewort, d. h. eine Entscheidungsfrage, als Nebensatz steht, steht nach dem gebeugten Tätigkeitswort (konjugierten Verb) bzw. nach der Satzaussage (Prädikat) das Fragewort **–e**. Der Nebensatz wird mit dem Bindewort **hogy** eingeleitet; **hogy + ...–e** entspricht dem deutschen Bindewort (Konjunktion) *ob*.
Entscheidungsfrage als Hauptsatz:
Kérsz egy süteményt?
(Möchtest du ein Stück Kuchen?)

Entscheidungsfrage als Nebensatz:
Azt kérdezte, hogy kérsz-e egy süteményt.
(Er/Sie fragte, ob du ein Stück Kuchen möchtest.)
Das Fragewort **–e** kann auch in Hauptsätzen auftreten. In solchen Sätzen unterstreicht das **–e** den emotionalen Ausdruck der Frage:
Tudod-e, hogy ...?
(Weißt du, dass ...?)
Hallottátok-e, hogy ...?
(Habt ihr gehört, dass ...?)

Grammatikübersicht

1 Hauptwort (Substantiv)

Zusammenfassung der Endungen (Kasussuffixe)

Fall (Kasus)	Endung (Suffix)	Beispiel
1. Werfall (Nominativ)	0-Endung	ház (Ez egy ház.)
2. Wenfall (Akkusativ)	**-t (-ot, -at, -et, -öt)**	házat (Veszünk egy házat.)
3. Wemfall (Dativ)	**-nak, -nek**	Annának (Adok egy könyvet Annának.)
4. Ortsbestimmung des inneren Raumes auf die Frage *wohin?* (Illativ)	**-ba, -be**	házba (Bemegyek a házba.)
5. Ortsbestimmung des inneren Raumes auf die Frage *wo?* (Inessiv)	**-ban, -ben**	házban (A házban laknak.)
6. Ortsbestimmung des inneren Raumes auf die Frage *woher?* (Elativ)	**-ból, -ből**	házból (A házból kijön valaki.)
7. Ortsbestimmung der Oberfläche auf die Frage *wohin?* (Sublativ)	**-ra, -re**	asztalra (Az asztalra tettem az újságot.)
8. Ortsbestimmung der Oberfläche auf die Frage *wo?* (Superessiv)	**-n, -on, -en, -ön**	asztalon (Az újság az asztalon van.)
9. Ortsbestimmung der Oberfläche auf die Frage *woher?* (Delativ)	**-ról, -ről**	asztalról (Az asztalról vettem el az újságot.)
10. Ortsbestimmung der seitlichen Nähe auf die Frage *wohin?* (Allativ)	**-hoz, -hez, -höz**	Balatonhoz (A Balatonhoz utazunk.)
11. Ortsbestimmung der seitlichen Nähe auf die Frage *wo?* (Adessiv)	**-nál, -nél**	Balatonnál (A Balatonnál nyaralunk.)

Fall (Kasus)	Endung (Suffix)	Beispiel
12. Ortsbestimmung der seitlichen Nähe auf die Frage *woher?* (Ablativ), auch Zeitbestimmung, *dt.: von*	**–tól, –től**	Balatontól (A Balatontól nem messze lakunk.) reggeltől (Reggeltől estig dolgozik.)
13. Orts- und Zeitbestimmung des Endpunktes (Terminativ), *dt.: bis*	**–ig**	térig (A Deák térig metróval megyünk.) keddig (Keddig még itt dolgozom.)
14. Essiv, *dt.: als*	**–ként**	mérnökként (Nagy János mérnökként dolgozik.)
15. Instrumental, *dt.: mit*	**–val, –vel**	gyerekkel (A gyerekkel megyünk kirándulni.)
16. Kausal-Final, *dt.: für*	**–ért**	pénzért (Pénzért dolgozunk.)
17. Temporal, *dt.: um*	**–kor**	nyolc órakor (A film nyolc órakor / nyolckor kezdődik.)

Die Mehrzahlendung des Hauptwortes (Plural des Substantivs) ist **–k (–ok, –ak, –ek, –ök)**. Alle Endungen können auch an die Mehrzahlform des Hauptwortes angehängt werden: háza**kat**, háza**knak**, háza**kból**, usw.

Besitzerzeichen

Ein Besitz:	*Einzahl (Singular)*	1. Pers.	**–m, –om, –am, –em, –öm**
		2. Pers.	**–d, –od, –ad, –ed, –öd**
		3. Pers.	**-(j)a, -(j)e**
	Mehrzahl (Plural)	1. Pers.	**–nk, –unk, –ünk**
		2. Pers.	**-(o)tok, -(a)tok, -(e)tek, -(ö)tök**
		3. Pers.	**-(j)uk, -(j)ük**

Mehrere Besitze:	*Einzahl (Singular)*	1. Pers.	**–im, –aim, –eim**
		2. Pers.	**–id, –aid, –eid**
		3. Pers.	**–i, –ai, –ei**
	Mehrzahl (Plural)	1. Pers.	**–ink, –aink, –eink**
		2. Pers.	**–itok,– itek, –aitok, –eitek**
		3. Pers.	**–ik, –aik, –eik**

Nach einem Besitzerzeichen können weitere Endungen stehen: ház**amat**, gyerek**eimnek**, autó**dba**, szül**eimhez** usw.

Verhältniswörter (Postpositionen)

Verhältniswörter mit drei Richtungen

Hova? (Wohin?)	Hol? (Wo?)	Honnan? (Woher?)	Bedeutung
mellé	mellett	mellől	(neben)
elé	előtt	elől	(vor)
mögé	mögött	mögül	(hinter)
alá	alatt	alól	(unter)
fölé	fölött/felett	fölül	(über)
közé	között	közül	(zwischen)
köré	körül	—	(um ... herum)

Weitere Verhältniswörter

alatt (während), **ellen** (gegen), **felé** (in Richtung), **helyett** (statt, anstatt), **múlva** (in [zeitlich], später), **nélkül** (ohne), **óta** (seit), **szerint** (gemäß, laut), **számára** (für), **után** (nach).

Die ungarischen Verhältniswörter (Postpositionen) stehen immer *nach* dem jeweiligen Bezugswort.

2 Eigenschaftswort (Adjektiv)

Als Beifügung (Attribut) bleibt das Eigenschaftswort (Adjektiv) immer unverändert: **új ház, új házak, új házakat, ...**
Als Satzaussage (Prädikat) richtet es sich nach dem Subjekt, d. h. es kann in die Mehrzahl gesetzt werden: **A ház új.
A házak újak.**

Die Steigerung des Eigenschaftswortes

Grundstufe	1. Steigerungsstufe (Komparativ)	2. Steigerungsstufe (Superlativ)
O-Endung	**-bb (-abb, -ebb)**	**leg- + -bb (-abb, -ebb)**

Als Umstandswort (Adverb) bekommt das Eigenschaftswort entweder die Endung **-n, -an, -en** (selten **-on**) oder **-l, -ul, -ül**. Die letzte Endung kommt vor: 1. bei den Wörtern **jól** und **rosszul**, 2. bei Bezeichnungen von Sprachen: **magyarul, németül**, 3. bei Eigenschaftswörtern mit der Endung **-tlan, -tlen, -talan, -telen** (*dt.: -los, -frei, un-*): **sótlanul, kényelmetlenül**.

3 Fürwort (Pronomen)

Persönliche Fürwörter (Personalpronomina)

	Werfall (Nominativ)	Wenfall (Akkusativ)	Wemfall (Dativ)	Instrumental -val/-vel (mit)
Einzahl (Singular)				
1. Pers.	én	engem	nekem	velem
2. Pers.	te	téged	neked	veled
3. Pers.	ő	őt	neki	vele
Mehrzahl (Plural)				
1. Pers.	mi	minket	nekünk	velünk
2. Pers.	ti	titeket	nektek	veletek
3. Pers.	ők	őket	nekik	velük

Die persönlichen Fürwörter (Personalpronomina) können neben **-val, -vel** auch andere Endungen erhalten (siehe 11. Lektion).

Siezen einer Person:
ön, önt, önnek, önnel
(maga, magát, magának, magával)

Siezen mehrerer Personen:
önök, önöket, önöknek, önökkel
(maguk, magukat, maguknak, magukkal)

Fragewörter (Interrogativpronomina)

ki?/kik?	wer?
mi?/mik?	was?
milyen?	was für (ein/e) ...?/wie ist ...?
melyik?	welche/r/s?
hogy(an)?	wie? (auf welche Art und Weise?)
mikor?	wann?
hol?	wo?
hova?	wohin?
honnan?	woher?
hány?	wie viel? (*zählbare Menge*)
mennyi?	wie viel? (*unzählbare Menge*)
miért?	warum?
hányadik?	wievielte/r/s?

Bezügliche Fürwörter (Relativpronomina)

Sie werden aus den Fragewörtern mit der Vorsilbe a– gebildet: aki, ami, amilyen, amelyik, ahol usw.

Hinweisende Fürwörter (Demonstrativpronomina)

Die hinweisenden Fürwörter **ez** und **az** erhalten dieselben Endungen wie ihr Bezugswort: **ez** a ház, **ezek** a házak, **ebben** a házban, **ezeket** a házakat usw.

Unbestimmte Fürwörter (Indefinitpronomina)

Sie werden ebenfalls aus den Fragewörtern gebildet, und zwar mit der Vorsilbe **vala–** (irgend-): **vala**ki, **vala**mi, **vala**hol, **vala**hogy usw.

4 Tätigkeitswort (Verb)

In den folgenden Tabellen werden nur die regelmäßigen Endungen zusammengefasst, auf Abweichungen und Ausnahmen wurde in den einzelnen Lektionen hingewiesen. Der Infinitiv lautet **–ni (–ani, –eni)**.

Gegenwart (Präsens)

	1. (unbestimmte) Konjugation	*2. (bestimmte) Konjugation*
Einzahl (Singular)		
1. Pers.	–ok, –ek, –ök	–om, –em, –öm
2. Pers.	–sz / –ol, –el, –öl	–od, –ed, –öd
3. Pers.	0-Endung / –ik	–ja, –i
Mehrzahl (Plural)		
1. Pers.	–unk, –ünk	–juk, –jük
2. Pers.	–tok, –tek, –tök	–játok, –itek
3. Pers.	–nak, –nek	–ják, –ik

(Angleichungen: s+j = –ss–, z+j = –zz–, sz+j = –ssz–)

Vergangenheit (Präteritum)

	1. (unbestimmte) Konjugation	*2. (bestimmte) Konjugation*
Einzahl (Singular)		
1. Pers.	–tam, –tem	–tam, –tem
2. Pers.	–tál, –tél	–tad, –ted
3. Pers.	–t, –ott, –ett, –ött	–ta, –te
Mehrzahl (Plural)		
1. Pers.	–tunk, –tünk	–tuk, –tük
2. Pers.	–tatok, –tetek	–tátok, –tétek
3. Pers.	–tak, –tek	–ták, –ték

Zukunft (Futur)

Hilfsverb **fog** + Infinitiv

1. *(unbestimmte) Konjugation:* fog**ok**, fog**sz**, fog, fog**unk**, fog**tok**, fog**nak**

2. *(bestimmte) Konjugation:* fog**om**, fog**od**, fog**ja**, fog**juk**, fog**játok**, fog**ják**

Befehlsform (Imperativ)

	1. (unbestimmte) Konjugation	*2. (bestimmte) Konjugation*
Einzahl (Singular)		
1. Pers.	–jak, –jek	–jam, –jem
2. Pers.	–j(ál), –j(él)	–(ja)d, –(je)d
3. Pers.	–jon, –jen, –jön	–ja, –je
Mehrzahl (Plural)		
1. Pers.	–junk, –jünk	–juk, –jük
2. Pers.	–jatok, –jetek	–játok, –jétek
3. Pers.	–janak, –jenek	–ják, –jék

(Angleichungen: **s+j** = **–ss–**, **z+j** = **–zz–**, **sz+j** = **–ssz–**, kurzer Selbstlaut (Vokal) **+t+j** = **–ss–**, langer Selbstlaut (Vokal) oder Mitlaut (Konsonant) **+t+j** = **–ts–**, **szt+j** = **–ssz–**)

Bedingungsform (Konjunktiv) in der Gegenwart (Präsens)

	1. (unbestimmte) Konjugation	*2. (bestimmte) Konjugation*
Einzahl (Singular)		
1. Pers.	–nék	–nám, –ném
2. Pers.	–nál, –nél	–nád, –néd
3. Pers.	–na, –ne	–ná, –né
Mehrzahl (Plural)		
1. Pers.	–nánk, –nénk	–nánk, –nénk
2. Pers.	–nátok, –nétek	–nátok, –nétek
3. Pers.	–nának, –nének	–nák, –nék

Bedingungsform (Konjunktiv) in der Vergangenheit (Präteritum)

Vergangenheit des Tätigkeitswortes + **volna**

Infinitiv mit Personalendungen

Bei unpersönlichen Tätigkeitswörtern, z. B. **kell, szabad, lehet**:

Einzahl (Singular)	
1. Pers.	**–nom, –nem, –nöm**
2. Pers.	**–nod, –ned, –nöd**
3. Pers.	**–nia, –nie**
Mehrzahl (Plural)	
1. Pers.	**–nunk, –nünk**
2. Pers.	**–notok, –netek, –nötök**
3. Pers.	**–niuk, –niük**

Möglichkeitsform

Sie entspricht den deutschen Tätigkeitswörtern *können* oder *dürfen*:

Stamm des Tätigkeitswortes + **–hat, –het** + Personalendungen

5 Bindewörter (Konjunktionen)

és	und
meg	und, und noch (*bei Aufzählungen*)
de	aber
azonban	jedoch
pedig	und aber; obwohl
vagy	oder
hanem	sondern
mert	weil, denn
ezért	deshalb
hogy	dass; damit, um ... zu ...
ha	wenn, falls
(a)mikor	wenn, als (*zeitlich*)
mint	wie, als
így	so

6 Rektion der Tätigkeitswörter (Verben)

átszáll	vmiről — vmire	A villamosról átszállunk a buszra.
befizet	vmire	Befizettünk egy társasutazásra.
belejön	vmibe	Majd belejössz a munkába.
bemutat	vkit — vkinek	Bemutatom neked a barátnőmet.
beszél	vmiről	A tanár Budapestről beszél.
beszélget	vmiről	A filmről beszélgetünk.
elkésik	vhonnan	Elkéstem az iskolából / az előadásról.
ér, érkezik	vhova	A kislány egy erdőbe ért.
		A vonat 5 órakor érkezik Budapestre.
felhív	vkit	Felhívom a barátomat.
felszáll	vmire	Felszállok a négyes buszra.
felvált	vmit — vmire	Felváltana egy százast tízforintosokra?
fél	vkitől, vmitől	Félsz a kutyától?
gondol	vkire, vmire	Már a karácsonyra gondolunk.
hiányzik	vhonnan	Kati hiányzott az óráról.
		A dobozból hiányzott egy cigaretta.
hív	vkit vminek	A fiamat Péternek hívják.
indul	vhonnan — vhova	A vonat a 3. vágányról indul.
		A vonat mindjárt indul Bécsbe.
jár	vhova	Attila iskolába jár.
járt	vhol	1970-ben jártam Budapesten.
kerül	vmibe	Ez a ház kétmillióba került.
köszön	vkinek	Köszönök a szomszédnak.
köszön	vkinek vmit	Köszönöm nektek a virágot.
leszáll	vmiről	Leszállok a villamosról.
megismer	vkit, vmit	Megismertem a várost.
megismerkedik	vkivel	Tegnap megismerkedtem egy magyar orvossal.
mesél	vmiről	Kati az utazásról mesélt.
örül	vkinek, vminek	Nagyon örültem a levelednek.
részt vesz	vmin, vmiben	Részt vettem egy tanfolyamon.
segít	vkinek vmiben	Segítettünk a szomszédoknak a munkában.
találkozik	vkivel	Tegnap találkoztam Annával.
telefonál	vhova	Telefonálok az iskolába.
	vkinek	Telefonálok a barátnőmnek.
vár	vkit, vmit	A szerelőt várom.
	vkire, vmire	A buszra várunk.

Abkürzungen: **vki** = **valaki** (jemand), **vmi** = **valami** (etwas), **vhova** = **valahova** (irgendwohin), **vhol** = **valahol** (irgendwo), **vhonnan** = **valahonnan** (irgendwoher).

Lektionswortschatz

Ab der 2. Lektion werden die Mehrzahlendungen der Hauptwörter (Substantive), ab der 4. Lektion auch die Endungen des Wenfalls (Akkusativ) angegeben.

1. lecke

A

első lecke	erste Lektion
Szia!	Hallo! / Tschüs!
Jó reggelt!	Guten Morgen!
kívánok	ich wünsche
Jó napot!	Guten Tag!
Jó estét!	Guten Abend!
Jó éjszakát!	Gute Nacht!
Viszontlátásra!	Auf Wiedersehen!
Sziasztok!	Hallo! Grüßt euch! / Tschüs! Servus! (Mehrzahl)
Csókolom!	(Kurzform von „Kezét csókolom!")
Szervusz!	Hallo! Grüß dich! / Tschüs! Servus!
Szervusztok!	Hallo! Grüßt euch! / Tschüs! Servus! (Mehrzahl)
Kezét csókolom!	Küss die Hand!
1 név (nevek)	Name, -n
magyar	ungarisch
család	Familie
családnév (-nevek)	Familienname, -n
utónév (-nevek)	Vorname, -n (wörtl.: Nachname)
Hogy hívnak?	Wie heißt du?
hogy?	wie?
vagyok	ich bin
Örvendek.	Freut mich.
engem	mich
hívnak	ich heiße (mich nennt man)
és	und
téged	dich
Hogy hívják önt?	Wie heißen Sie?
önt	Sie (höfliche Anrede, Wenfall)
ki?	wer?
ön	Sie (Einzahl)
én	ich
te	du
2 Válasszon nevet!	Wählen Sie (einen) Namen!
Mutatkozzon be!	Stellen Sie sich vor!

B

Hogy vagy?	Wie geht es dir?
van (Inf.: lenni)	sein
köszönöm (kösz')	danke
jól	gut
is	auch
úr	Herr
Hogy van?	Wie geht es Ihnen?
megvagyok	es geht (mir) so
Hogy vagytok?	Wie geht es euch?
egész	ganz
sajnos	leider
rosszul	schlecht
a	(bestimmter Artikel)
gyerekek	Kinder
ők	sie (3. Pers. Mehrzahl)
ti	ihr
Hogy vannak?	Wie geht es Ihnen? (höfliche Anrede, Mehrzahl)
önök	Sie (Mehrzahl)
nagyon	sehr
nem	nein; nicht

1 ő	er, sie *(3. Pers. Einzahl)*
mi	wir
Molnárné	Frau Molnár
2 Ki ez?	Wer ist das?
ez	das, dies
hanem	sondern

C

szám, -ok	Zahl, -en, Nummer, -n
1 Olvassa!	Lesen Sie!
2 Folytassa a számsort!	Setzen Sie die Zahlen-reihe fort!
3 telefonszám, -ok	Telefonnummer, -n

D

Hány éves vagy?	Wie alt bist du?
hány?	wie viel?
éves	Jahre (alt), jährig
Mi a foglalkozásod?	Was bist du von Beruf? (Was ist dein Beruf?)
foglalkozás	Beruf
tanár, -nő	Lehrer, -in
mérnök	Ingenieur, -in
orvos	Arzt, Ärztin
Mi a foglalkozása?	Was sind Sie von Beruf?
taxisofőr	Taxifahrer, -in
akkor	dann
ugye?	nicht wahr?
igen	ja
Ön hány éves?	Wie alt sind Sie?
nős	verheiratet *(Mann)*
nőtlen	ledig *(Mann)*
férjnél van	verheiratet sein *(Frau)*
1 hajadon	ledig *(Frau)*
férjezett	verheiratet *(Frau)*
óvónő	Erzieherin, Kindergärt-nerin
eladó, -nő	Verkäufer, -in
egyetemista	Student, -in
nyugdíjas	Rentner, -in
autószerelő	Automechaniker, -in

2. lecke

A

második	zweite
lakás, -ok	Wohnung
hol?	wo?
Hol laksz?	Wo wohnst du?
Németország	Deutschland
-ban, -ben	in
itt	hier
lakik	wohnen
Hol lakik?	Wo wohnen Sie?
Ausztria	Österreich
Bécs	Wien
Hol laktok?	Wo wohnt ihr?
Svájc	Schweiz
melyik?	welche/r/s?
város, -ok	Stadt
-n, -on, -en, -ön	auf, an *(hier:* in)
NSZK (Német Szövetségi Köztársaság)	BRD (Bundesrepublik Deutschland)
Magyarország	Ungarn
Önök hol laknak?	Wo wohnen Sie? *(Mehrzahl)*
1 pszichológus, -ok	Psychologe, Psychologin
riporter, -ek	Reporter, -in

B

emeletes, -ek	mehrstöckig, Etagen-
családi ház, -ak	Einfamilienhaus
földszint, -ek	Erdgeschoss
konyha, '-k	Küche
nappali, -k	Wohnzimmer
gyerekszoba, '-k	Kinderzimmer
emelet, -ek	Stockwerk, Etage
hálószoba, '-k	Schlafzimmer
fürdőszoba, '-k	Badezimmer
vécé, -k	Toilette, WC
azonkívül	außerdem
előszoba, '-k	Vorzimmer, Flur
vár, -ak	Burg
király, -ok	König

királynő, -k	Königin
szoba, '-k	Zimmer
kis, kicsi, -k	klein
nagy, -ok	groß
terem, termek	Saal
folyosó, -k	Korridor
lépcső, -k	Treppe
erkély, -ek	Balkon
szék, -ek	Stuhl
szekrény, -ek	Schrank
kép, -ek	Bild
szőnyeg, -ek	Teppich
tévé, -k	Fernseher
asztal, -ok	Tisch
íróasztal, -ok	Schreibtisch
fotel, -ok/-ek	Sessel
ablak, -ok	Fenster
ajtó, -k	Tür
polc, -ok	Regal
ágy, -ak	Bett
lámpa, '-k	Lampe
hűtőszekrény, -ek	Kühlschrank
mosdó, -k	Waschbecken
zuhanyozó, -k	Dusche, Duschkabine
kád, -ak	Badewanne
Mi ez?	Was ist das?
Mik ezek?	Was ist das? *(Mehrzahl)*
1 jobbra	rechts
középen	in der Mitte
elöl	vorn
hátul	hinten
balra	links
fent	oben
2 már	schon
megvan	*hier:* ich habe es
még	noch
itthon	zu Hause
sör, -ök	Bier
pohár, poharak	Glas
hamutartó, -k	Aschenbecher
telefonkönyv, -ek	Telefonbuch
Egészségetekre!	Auf euer Wohl! Prost! *(Mehrzahl)*

C

Hogy tetszik?	Wie gefällt (es dir)?
tetszik	gefällt
Gyere be!	Komm herein!
nos	nun
új, -ak	neu
szép, -ek	schön
tetszenek	gefallen
nekem	mir
rossz, -ak	schlecht
egy kicsit	ein wenig, ein bisschen
régimódi, -ak	altmodisch
elég	ziemlich
gyere	komm
ez a(z), ezek a(z)	diese/r/s
az a(z), azok a(z)	jene/r/s
1 milyen? milyenek?	wie?
régi, -ek	alt
világos, -ak	hell
sötét, -ek	dunkel
2 Milyen színű …?	Welche Farbe hat …?
milyen?	was für (ein)?
fekete, '-k	schwarz
fehér, -ek	weiß
barna, '-k	braun
zöld, -ek	grün
piros, -ak	rot
kék, -ek	blau
sárga, '-k	gelb
3 túl	zu
jobban	besser

3. lecke

A

Hova megyünk?	Wohin gehen wir?
hova?	wohin?
Ki mit csinál?	Wer macht was?
takarít (*Inf.:* takarítani)	putzen, sauber machen
tévét néz	fernsehen
alszik (*Inf.:* aludni)	schlafen
fürdik (*Inf.:* fürödni)	baden
tanul	lernen

iszik (*Inf.:* inni)	trinken	
főz	kochen	
eszik (*Inf.:* enni)	essen	
dolgozik	arbeiten	
zenét hallgat	Musik hören	
játszik (*Inf.:* játszani)	spielen	

B

Hány óra van?	Wie viel Uhr ist es?
Elnézést.	Verzeihung.
fél	halb
Mennyi az idő?	Wie spät ist es?
mindjárt	bald, gleich, sofort
óra, '-k	Uhr; Stunde
perc, -ek	Minute, -n
negyed	Viertel
háromnegyed	dreiviertel
1 világóra, '-k	Weltuhr
amikor	wenn *(zeitlich)*
délután, -ok	Nachmittag
akkor	dann
éjjel	nachts
most	jetzt
reggel, -ek	Morgen, am Morgen
délelőtt, -ök	Vormittag, am Vormittag
dél, delek	Mittag
délben	am Mittag
este, '-k	Abend, am Abend

C

nap, -ok	Tag
iskola, '-k	Schule
egész nap	den ganzen Tag
felkel	aufstehen
reggelizik	frühstücken
megy (*Inf.:* menni)	gehen
ebédel	zu Mittag essen
bevásárol	einkaufen
sétál	spazieren gehen
vacsorázik	zu Abend essen
-kor	um
Mikor?	Wann?
Hány órakor? Hánykor?	Um wie viel Uhr?
1 ma	heute

szombat, -ok	Sonnabend, Samstag
jön	kommen

D

Milyen nap van ma?	Was für ein Tag ist heute?
lesz	wird sein
holnap	morgen
volt	war
tegnap	gestern
tegnapelőtt	vorgestern
holnapután	übermorgen
hétfő, -k	Montag
kedd, -ek	Dienstag
szerda, '-k	Mittwoch
csürtörtök, -ök	Donnerstag
péntek, -ek	Freitag
vasárnap, -ok	Sonntag
mozi, -k	Kino
németóra, '-k	Deutschstunde, Deutschunterricht
koncert, -ek	Konzert
1 strand, -ok	Freibad, Badeplatz
pedig	und/aber, jedoch
otthon	zu Hause
honnan?	woher?
otthonról	von zu Hause
könyvtár, -ak	Bibliothek
egyetem, -ek	Universität
levelet ír	einen Brief schreiben
posta, '-k	Post
vendég, -ek	Gast
étterem, éttermek	Restaurant
színház, -ak	Theater
kirándulás, -ok	Ausflug
haza	nach Hause
2 egész héten	die ganze Woche
hét, hetek	Woche
nyáron	im Sommer
szünet, -ek	Ferien, Pause
ezért	deshalb
utána	danach

E

szeretnék	ich möchte
amerikai	amerikanisch

kezdődik	beginnen
Menjünk!	Gehen wir!
1 találkozik	sich treffen
elmegy	weggehen, ausgehen
inkább	lieber
tér, terek	Platz
Rendben van.	In Ordnung. OK.
ráér	Zeit haben
miért?	warum?
kár	schade
de	aber
táncol	tanzen
Várszínház	Burgtheater
múzeum, -ok	Museum
Nemzeti Múzeum	Nationalmuseum
Zeneakadémia	Musikakademie
Petőfi Csarnok	Petőfi-Halle
Margitsziget	Margaretheninsel

4. lecke

A

bevásárlás, -ok, -t	Einkauf(en)
közért, -ek, -et	Lebensmittelgeschäft
élelmiszer, -ek, -t	Lebensmittel
kenyér, kenyerek, kenyeret	Brot
tej, (tejek), tejet	Milch
cukor, cukrok, cukrot	Zucker; Bonbon
zsemle, '-k, '-t	Brötchen
kávé, -k, -t	Kaffee
só, -k, -t	Salz
kifli, -k, -t	Hörnchen
liszt, -ek, -et	Mehl
vaj, -ak, -at	Butter
tea, '-k, '-t	Tee
margarin, -ok, -t	Margarine
ásványvíz, -vizek, -vizet	Mineralwasser
sajt, -ok, -ot	Käse
gyümölcslé, -levek, -levet	Fruchtsaft
felvágott, -ak, -at	Aufschnitt
üdítőital, -ok, -t	Erfrischungsgetränk
kolbász, -ok, -t	Wurst

bor, -ok, -t	Wein
sör, -ök, -t	Bier
tojás, -ok, -t	Ei
virsli, -k, -t	Würstchen
1 Mennyibe kerül?	Was kostet (das)?
kérek	ich möchte, ich hätte gern
kér	bitten, verlangen
forint	(ungarische Währung)
deka (dekagramm)	10 Gramm
belőle	davon, daraus
Még valamit?	Noch etwas?
Tessék parancsolni.	Bitte schön.
cigaretta, '-k, '-t	Zigarette
darab, -ok, -ot	Stück
üveg, -ek, -et	Flasche; Glas (als Material)
csomag, -ok, -ot	Packung; Paket, Päckchen; Gepäck
körülbelül	ungefähr
2 mit?	was?
vesz (Inf.: venni)	kaufen; nehmen
német	deutsch
turista, '-k, '-t	Tourist
rúd	Stange, hier: ein ganzes Stück
tokaji, -t	Tokajer (Wein)
barackpálinka, '-t	Aprikosenschnaps
mennyi?	wie viel?
fizet	bezahlen

B

gyerek, -ek, -et	Kind
vásárol	(ein)kaufen
kell	muss man
hoz	bringen, holen
pénz, -ek, -t	Geld
szatyor, szatyrok, szatyrot	Einkaufsbeutel, -tasche
anyu	Mutti (Anrede)
nem baj?	(es) macht doch nichts?
ha	wenn, falls
csokoládé, -k, -t	Schokolade
csak	nur; erst

ebéd, -ek, -et	Mittagessen
után	nach
szabad	darf man; ist erlaubt
siet	sich beeilen
vissza	zurück
drágám	mein Schatz *(Anrede)*
nincs(en), nincsenek	es gibt kein(e)
biztos	sicher(lich)
talán	vielleicht
sincs(en), sincsenek	es gibt auch kein(e)
legalább	wenigstens
korty, -ok, -ot	Schluck
Hála istennek!	Gott sei Dank!

C

piac, -ok, -ot	Markt
alma, '-k, '-t	Apfel
körte, '-k, '-t	Birne
banán, -t	Banane
narancs, -ot	Apfelsine
barack, -ot	Pfirsich, Aprikose
szőlő, -t	Weintraube
cseresznye, '-t	Kirsche
gyümölcs, -ök, -öt	Obst
eper, epret	Erdbeere
zöldség, -ek, -et	Gemüse
burgonya, '-t	Kartoffeln
krumpli, -t	Kartoffeln *(umgangssprachlich)*
paradicsom, -ok, -ot	Tomaten
hagyma, '-t	Zwiebeln
sárgarépa, '-k, '-t	Möhren, Karotten
saláta, '-k, '-t	Salat
uborka, '-t	Gurke
karfiol, -t	Blumenkohl
Mit tetszik kérni?	Was möchten Sie?
több	mehr
másik	der/die/das andere
megfelel	entsprechen, *hier:* Ist es Ihnen recht?
tessék	bitte
kilója	das Kilo von den … (sein/ihr Kilo)
finom, -ak	fein, lecker
megkóstol	probieren, kosten

Hogy a/az … kilója?	Was kostet ein Kilo von den …?
más	etwas anderes
2 szeret	mögen, lieben
vegetáriánus, -ok	Vegetarier, -in

D

az újságárusnál	beim Zeitungshändler
újságárus, -ok, -t	Zeitungshändler, -in
esti, -ek	Abend-, abendlich
hírlap, -ok, -ot	Nachrichtenblatt
pesti, -ek	Pester (Budapester)
műsor, -ok, -t	Programm
elfogyott	ausverkauft
újság, -ok, -ot	Zeitung
nemzet, -ek, -et	Nation
2 magyar	ungarisch
népdal, -ok, -t	Volkslied
hull (*Inf.:* hullani)	fallen
szilva, '-k, '-t	Pflaume
fa, '-k, '-t	Baum
tanya, '-k, '-t	Gehöft
ruca, '-k, '-t	Ente *(volkstümlich)*
derce, '-t	Kleie, Grobmehl *(volkstümlich)*
egyik ága	der eine Ast (des Baumes)
lehajlott	ist heruntergebogen
az én rózsám	meine Rose, meine Liebste
elhagyott	hat mich verlassen
kalapom	mein Hut
páva tolla	Pfauenfeder
benne	darin, *hier:* daran

5. lecke

A

Jó étvágyat!	Guten Appetit!
kivel	mit wem?
mivel?	womit?

reggeli, -k, -t	Frühstück
vajas kenyér	Butterbrot
lágy tojás	weiches Ei
hozzá	dazu
-val, -vel	mit
citrom, -ok, -ot	Zitrone
tízórai, -k, -t	Zwischenmahlzeit am Vormittag, zweites Frühstück
tízóraizik	Zwischenmahlzeit vormittags einnehmen
sonka, '-t	Schinken
szendvics, -ek, -et	belegtes Brot, Sandwich
büfé, -k, -t	Buffet
ebéd, -ek, -et	Mittagessen
menza, '-k, '-t	Mensa
vagy	oder
leves, -ek, -t	Suppe
főzelék, -ek, -et	gekochtes Gemüse
sült hús, -ok, -t	Braten, gebratenes Fleisch
uzsonna, '-k, '-t	Zwischenmahlzeit am Nachmittag
uzsonnázik	Zwischenmahlzeit nachmittags einnehmen
néha	manchmal
vacsora, '-k, '-t	Abendessen
általában	im Allgemeinen, meistens
hideg, -ek	kalt, *hier:* etwas Kaltes
meleg, -ek	warm, *hier:* etwas Warmes
sütemény, -ek, -t	Kuchen
árlap, -ok, -ot	Preisliste
körözött, -et	gewürzter Quark oder Schafskäse
szelet, -ek, -et	Scheibe; Schnitzel
adag, -ok, -ot	Portion
dzsem, -ek, -et	Marmelade
méz, -et	Honig
kemény, -ek	hart
étel, -ek, -t	Speise
tojásrántotta, '-t	Rührei
tükörtojás, -t	Spiegelei
főtt, -ek	gekocht
mustár, -t	Senf

vegyes, -ek	gemischt
tejtermék, -ek, -et	Milchprodukt
ital, -ok, -t	Getränk
narancslé, -t/-levet	Orangensaft
szőlőlé, -t/-levet	Traubensaft

B

étlap, -ok, -ot	Speisekarte
I. osztályú	erster Klasse, erstklassig
leves, -ek, -t	Suppe
daragaluska, '-t	Grießnockerl
gulyásleves, -t	Gulaschsuppe
csésze, '-k, '-t	Tasse
előétel, -ek, -t	Vorspeise
libamáj, -ak, -at	Gänseleber
zsírjában	im eigenen Fett
pirítós, -t	Toast
fogas, -ok, -t	Zander
hortobágyi palacsinta	mit Fleisch gefüllte Palatschinken in Sauce
gomba, '-k, '-t	Pilz
gombafej, -ek, -et	Pilzköpfe
rántva	paniert und gebraten
tartármártás	Ta(r)tarensauce
hal, -ak, -at	Fisch
pisztráng, -ok, -ot	Forelle
roston	auf dem Grill, gegrillt
petrezselyem, -lymet	Petersilie
fogasszelet, -ek, -et	Zanderfilet
keszthelyi módra	auf Keszthelyer Art
készétel, -ek, -t	Fertiggericht
paprikás csirke, '-t	Paprikahuhn
galuska, '-t	Nockerl; Spätzle
marhapörkölt, -et	Rindergulasch
tarhonya, '-t	Graupennudeln
borjúpaprikás, -t	Kalbsgulasch mit Rahmsauce
frissensült, -ek	Frischgebratenes
töltött, -ek	gefüllt
pulykamell, -ek, -et	Putenbrust
zöldköret, -et	Gemüsebeilage
borjújava, '-t	Kalbsfilet
módra	auf ... Art, à la ...
asszony, -ok, -t	Frau, verheiratete Frau
szűzérmék	Jungfernmedaillons

sertésborda, '-t	Schweinekotelett
köret, -ek, -et	Beilage
kelbimbó, -t	Rosenkohl
kukorica, '-t	Mais
fejes saláta	Kopfsalat
káposzta, '-t	Weißkohl
tészta, '-k, '-t	Mehlspeisen; Teig, Teigwaren, Nudeln
tepertő, -t	Grammeln, Grieben
túrós csusza, '-t	Topfenfleckchen; Quarknudeln
túró, -t	Quark
rétes, -ek, -t	Strudel
meggy, -et	Sauerkirschen
Gundel palacsinta	Palatschinken mit Nussfüllung und Schokoladensauce *(nach Károly Gundel, berühmter ungarischer Koch)*
somlói galuska	Schomlauer Nockerl *(Dessertspezialität)*
igazgató, -k, -t	Direktor
konyhafőnök, -ök, -öt	Küchenchef
Tessék helyet foglalni!	Nehmen Sie Platz, bitte!
parancsol	befehlen, *hier:* wünschen
szeretnénk	wir möchten
persze	freilich, selbstverständlich
tehát	also
tud	wissen; können
ajánl *(Inf.:* ajánlani)	empfehlen
badacsonyi szürkebarát	Graumönch von Badacsony *(Weinsorte)*
rizling, -et	Riesling
Legyen szíves!	Seien Sie so nett!
máris	sofort
együtt	zusammen, gemeinsam
külön	extra, *hier:* getrennt
összesen	insgesamt
visszaad	zurückgeben, *hier:* herausgeben
1 ízlik *(Inf.:* ízleni)	schmecken
édes, -ek	süß
száraz, -ak	trocken
sós, -ak	salzig, gesalzen
zsíros, -ak	fettig

friss, -ek	frisch
2 vendégségben	zu Besuch
csak	nur
jóllaktam	ich bin satt
tölthetek	darf ich einschenken
tölt *(Inf.:* tölteni)	füllen, einschenken
3 nélkül	ohne
éhes, -ek	hungrig

C

recept, -ek, -et	Rezept
töltött paprika	gefüllte Paprika
személy, -ek, -t	Person
részére	für
hozzávalók	Zutaten
darált hús	Hackfleisch, Gehacktes
sertés, -ek, -t	Schwein
rizs, -t	Reis
evőkanál, -kanalak, -kanalat	Esslöffel
olaj, -at	Öl
bors, -ot	Pfeffer
összegyúr	zusammenkneten
(meg)tisztít *(Inf.:* -ani)	putzen, reinigen
kiváj	aushöhlen
(meg)tölt *(Inf.:* -eni)	füllen
forró, -ak	heiß
tesz *(Inf.:* tenni)	tun, stellen, legen
kevés	wenig
meg	und
rántás, -t	Mehlschwitze, Einbrenne
készít *(Inf.:* -eni)	bereiten, machen
hozzáad	(da)zugeben
tálal	anrichten, servieren
palacsinta	Palatschinken, Eierpfannkuchen
szódavíz, -vizet	Sodawasser
egy csipetnyi	eine Prise
habverő, -k, -t	Schneebesen
sima, '-k	glatt
kever	rühren
áll	stehen
hagy	lassen
kiolajozott	mit Öl gefettet
palacsintasütő, -k, -t	Stielpfanne

serpenyő, -k, -t	Pfanne
vékony, -ak	dünn
süt	backen; braten
majd	dann
ízlés, -ek, -t	Geschmack
szerint	nach, gemäß
lekvár, -t	Marmelade
dió, -t	Walnuss
stb. (= és a többi)	usw.
2 nyelvtörő, -k, -t	Zungenbrecher
szűcs, -ök, -öt	Kürschner
tán = talán	vielleicht

6. lecke

A

pályaudvar, -ok, -t	Bahnhof
mellett	neben
merre?	wo?, in welche Richtung?
egyenesen	geradeaus
kell	man muss
keresztutca, '-k, '-t	Querstraße
-ig	bis
(meg)mond	sagen
meg tudja mondani	können Sie (mir) sagen
telefonfülke, '-k, '-t	Telefonzelle
következő	nächste, folgende
sarok, sarkok, sarkot	Ecke
előtt	vor
bocsánat	Entschuldigung, Verzeihung
véletlenül	zufällig
a közelben	in der Nähe
tessék mondani	sagen Sie, bitte
gyógyszertár, -ak, -at	Apotheke
mögött	hinter
között	zwischen
-val/-vel szemben	gegenüber
messze	weit
áruház, -ak, -at	Kaufhaus
buszmegálló, -k, -t	Bushaltestelle
megálló, -k, -t	Haltestelle, Station
szálloda, '-k, '-t	Hotel

kórház, -ak, -at	Krankenhaus
uszoda, '-k, '-t	Schwimmbad

B

közlekedés, -t	Verkehr
eszköz, -ök, -t	Mittel
közlekedési eszköz	Verkehrsmittel
trolibusz, -ok, -t	O-Bus
(autó)busz, -ok, -t	Bus
metró, -k, -t	U-Bahn
földalatti, -t	U-Bahn
bicikli, -k, -t	Fahrrad
kerékpár, -ok, -t	Fahrrad
HÉV (= helyiérdekű vasút)	Vorortbahn
villamos, -ok, -t	Straßenbahn
gyalog	zu Fuß
autó, -k, -t	Auto
kocsi, -k, -t	Wagen
nyelviskola, '-k, '-t	Sprachschule
leszáll	aussteigen, absteigen
Nyugati pályaudvar	Westbahnhof
átszáll	umsteigen
-hoz, -hez, -höz	zu
-nál, -nél	bei
-tól, -től	von, von ... weg
felszáll	hinaufsteigen, einsteigen
beszáll	einsteigen
kiszáll	aussteigen

C

eljut	hinkommen, gelangen
oda	dorthin
Hogy jutok el oda?	Wie komme ich dorthin?
körút, -utak, -utat	Ring
hányas?	welche Nummer?, mit welcher Nummer?
jár	hier: verkehren, regelmäßig fahren
lehet	man kann
villamosjegy, -ek, -et	Straßenbahnfahrkarte, Fahrschein
kap	bekommen, erhalten
metróállomás, -ok, -t	U-Bahn-Station

trafik, -ok, -ot	Tabakladen, Kiosk
1 út, utak, utat	Straße, Weg
2 felé	in Richtung
vár	Burg
opera	Oper
körtér, -terek, -teret	runder Platz
3 Mátyás-templom, -ot	Matthiaskirche
Operaház, -at	Opernhaus
Parlament, -et	Parlament
szálló, -k, -t	Hotel
4 mozgó	sich bewegend, *hier*: rollend, Roll-
járda, '-k '-t	Bürgersteig
... meséje nyomán	nach dem Märchen von ...
olyan, mint	so wie
mozgólépcső, -k, -t	Rolltreppe
körbejár	herumfahren, -laufen
lassú, lassan	langsam
halad	vorwärtskommen, sich vorwärts bewegen; vorankommen, Fortschritte machen
utas, -ok, -t	Fahrgast, Passagier
közben	inzwischen
nézeget	betrachten
kirakat, -ok, -ot	Schaufenster
a többi *(+ Einzahl!)*	die anderen
járókelő, -k, -t	Passant
pad, -ok, -ot	Bank (zum Sitzen)
számára	für
aki, akik	der/die/das; wer, welche
ülve	sitzend
mint	wie, als
például	zum Beispiel
kellemes, -ek	angenehm
mások	andere
szundikál	dösen, schlummern, ein Nickerchen machen
amióta	seitdem
szükség van vmire	man braucht etw.
mindenki	jeder, alle
csendes, -ek	still, ruhig
labdázik	Ball spielen
rendőr, -ök, -t	Polizist
elvesz *(Inf.:* elvenni)	wegnehmen

akar	wollen
tőlük	von ihnen
labda, '-k, '-t	Ball
büntetés, -ek, -t	Strafe

7. lecke

A

család, -ok, -ot, -ja	Familie
esküvő, -k, -t	Hochzeit
bemutat	vorstellen
feleség, -ek, -et	Ehefrau
barát, -ok, -ot, -ja, -ai	Freund
férj, -ek, -et	Ehemann
(édes)anya, '-k, '-t, anyja, anyjuk	Mutter
(édes)apa, '-k, '-t, apja, apjuk	Vater
lány, -ok, -t	Mädchen, Tochter
fiú, -k, -t fiam, fiad, fia, fiunk, fiatok, fiuk	Junge; Sohn
barátnő, -k, -t	Freundin
kolléganő, -k, -t	Kollegin
kolléga, '-k, '-t	Kollege
néni, -k, -t	Tante *(Anrede)*
bácsi, -k, -t	Onkel *(Anrede)*
családfa, '-k, '-t	Stammbaum
nagyszülők, nagyszüleim	Großeltern
nagyanya, '-k, '-t, -anyja, -anyjuk	Großmutter
nagyapa, '-k, '-t, -apja, -apjuk	Großvater
nagynéni, nagynéném, nagynénje, nagynénjük	Tante *(Verwandtschaftsbezeichnung)*
nagybácsi, nagybátyám, nagybátyja, nagybátyjuk	Onkel *(Verwandtschaftsbezeichnung)*
testvér, -ek, -t	Geschwister *(auch Einzahl)*
nővér, -ek, -t	ältere Schwester
húg, -ot	jüngere Schwester

bátya, bátyám, bátyja bátyjuk	älterer Bruder
öcs, öcsém, öcséd, öccse, öcsénk, öcsétek, öccsük	jüngerer Bruder
unoka, '-k, '-t	Enkelkind
1 méghozzá	und zwar, noch dazu
nézd csak	schau mal
Nem is tudtam.	Ich habe es nicht gewusst.
külföldi, -ek	ausländisch; Ausländer, -in
sok	viel
villa, '-k, '-t	Villa
elege van vmiből elegem van, eleged van, ...	etwas satt haben

B

ahogy tetszik	wie es (dir/euch) gefällt
Műszaki Egyetem	Technische Universität
lesz (Inf.: lenni)	werden
angol, -ok, -t	englisch; Engländer, -in
tanít (Inf.: -ani)	unterrichten, lehren
beszél	sprechen
francia, '-k, '-t	französisch; Franzose, Französin
építészmérnök, -ök, -öt	Architekt
vállalat, -ok, -ot	Unternehmen, Betrieb
vagyis	das heißt; beziehungsweise
diák, -ok, -ot, -ja	Schüler, -in
mert	denn, weil
tornatanárnő, -k, -t	Sportlehrerin
szeretne	er/sie möchte
fogorvos, -ok, -t	Zahnarzt
keres	verdienen; suchen
sógornő, -k, -t	Schwägerin
idegenvezető, -k, -t	Fremdenführer, -in
unokaöcs, -öcsém, -öccse, -öccsük	Neffe
kedvenc, -ek, -et	Liebling, Lieblings-
aranyos, -ak	lieb, niedlich, goldig
ugye	nicht wahr?
az egyik	der/die/das eine

egyedül	allein
él	leben
meghalt	ist gestorben
világ, -ok, -ot	Welt
legfinomabb	feinste, leckerste
nyaraló, -k, -t	Ferienhaus, Wochenendhaus
így	so, auf diese Art und Weise
néhány (+ Einzahl)	einige
mindig	immer
1 személyi adatok	Personalien, persönliche Daten
született	er/sie ist geboren
születési hely, -ek, -et	Geburtsort
születési idő, -k, -t, ideje	Geburtsdatum
állampolgárság, -ok, -ot	Staatsbürgerschaft
anyanyelv, -ek, -et	Muttersprache
magyaráz	erklären, erläutern
lakóhely, -ek, -et	Wohnort
családi állapot, -ok, -ot	Familienstand
2 személyi igazolvány, -ok, -t	Personalausweis

C

Hogy néz ki?	Wie sieht er/sie aus?
kinéz	aussehen
rokon, -ok, -t	Verwandte
Ki kicsoda?	Wer ist wer?
fiatal, -ok	jung
hosszú hajú, -ak	langhaarig
haj, -at	Haar
középtermetű, -ek	mittelgroß
csinos, -ak	hübsch
középkorú, -ak	mittelalt, mittleren Alters
elég	ziemlich
magas, -ak	hoch; groß
bajusz, -ok, -t	Schnurrbart
szőke, '-k	blond
szemüveg, -ek, -et	Brille
jóképű, -ek	gut aussehend
barna szemű, -ek	braunäugig
szem, -ek, -et	Auge

idős, -ek	alt, älter
ősz (hajú), -ak	grauhaarig
alacsony, -ak	niedrig, klein
szimpatikus, -ak	symphatisch
1 baj, -ok, -t	Problem, Übel
levelezik	korrespondieren
éppen	gerade, eben
érkezik	ankommen
színházjegy, -ek, -et	Theaterkarte
kimegy vki elé a pályaudvarra	jmd. am Bahnhof abholen
kedves, -ek	lieb, nett
rövid, -ek	kurz
remél	hoffen
több	mehr
tucat, -ok, -ot, -ja	Dutzend
2 Lajos	*hier:* Ludwig
békételen	friedlos
senki	niemand
semmi	nichts
micsoda ...	was für ein ...
idióta, '-k	idiotisch, blöd
népség, -et	Volk, Gesindel *(negativ)*
képes, -ek	fähig
számol	zählen
még ... sem	nicht einmal
fordítás, -ok, -t	Übersetzung
4 pap, -ok, -ot, -ja	Pfarrer
fapipa, '-k, '-t	Holzpfeife
ezért	deshalb, deswegen

8. lecke

A

betör	einbrechen
dehogyis	nicht doch, keineswegs
valami	*hier:* irgendein
történik	geschehen, passieren
valahova	irgendwohin
rendőrség, -et	Polizei
Jaj, istenem!	Oh, mein Gott!
elvisz (*Inf.:* elvinni)	davon-, weg-, forttragen, -bringen

ékszer, -ek, -t	Schmuck, Juwelen
minden	alles
1 lakó, -k, -t	Hausbewohner, Mieter
betörés, -ek, -t	Einbruch
időpont, -ok, -ot, -ja	Zeitpunkt
éppen	eben, gerade
javít (*Inf.:* -ani)	reparieren; verbessern, korrigieren

B

szokott	etw. zu tun pflegen, etw. gewöhnlich machen
folytat	fortsetzen, weitermachen
munka, '-k, '-t	Arbeit
lefekszik (*Inf.:* lefeküdni)	sich hinlegen, schlafen gehen
megnéz	sich anschauen
TV-híradó	Nachrichtensendung im Fernsehen
beszélget	sich unterhalten
pihen	sich ausruhen, sich erholen
minden nap	jeden Tag
4 napló, -k, -t	Tagebuch
érkezik	ankommen
mert	weil, denn
Duna-part	Donau-Ufer
beül (vhova)	sich (in ein Lokal) hineinsetzen, sich hineinbegeben
cukrászda, '-k, '-t	Konditorei, Café
hamar	schnell, bald
eltelik	vergehen
cirkusz, -ok, -t	Zirkus
szórakozik	sich amüsieren
hazaér	zu Hause ankommen

C

népmese, '-k, '-t	Volksmärchen
egyszer volt, hol nem volt, volt egyszer ...	es war einmal ...
láb, -ak, -at	Bein
koporsó, -k, -t	Sarg
öreg, -ek	alt

férjhez ad vkit	jmd. verheiraten
ország, -ok, -ot	Land
egyforma, '-k	gleich
kinek?	wem?
hát	nun, also
egyszer	einmal
legszebb	schönste
amelyik	welche
legjobban	am meisten, am besten
(meg)kérdez	fragen
mennyire?	wie sehr?, in welchem Maße?
felel	antworten
úgy	so, auf diese Art und Weise
szeretlek	ich liebe dich
galamb, -ok, -ot, -ja	Taube
tiszta, '-k	rein, sauber
búza, '-t	Weizen
nyár, nyarak, nyarat	Sommer
szellő, -k, -t	Brise
mind a két	alle beide
felelet, -ek, -et	Antwort
ember, -ek, -t	Mensch
megharagszik (Inf.: megharagudni)	böse werden
erre	daraufhin
elkerget	weg-, fortjagen
udvar, -ok, -t	Hof
mendegél	langsam (des Weges) gehen
szegény, -ek	arm
királykisasszony, -ok, -t	Königstochter, Prinzessin
éldegél	(vor sich hin) leben
királyfi, -ak, -t	Königssohn, Prinz
vadászik	jagen
megpillant (Inf.: -ani)	erblicken
hazavisz (Inf.: -vinni)	nach Hause bringen
palota, '-k, '-t	Palast
ruha, '-k, '-t	Kleid; Kleidung
ad	geben
nemsokára	bald
(meg)tart (Inf.: -ani)	halten
esküvő, -k, -t	Hochzeit
boldog, -ok	glücklich
ám	nun aber

lát	sehen
(el)mesél	erzählen
meghív	einladen
másnap	am nächsten Tag
öröm, -ök, -et/-öt	Freude
szolga, '-k, '-t	Diener
étel, -ek, -t	Speise
egyiket a másik után	eine nach der anderen
jóízű, -ek	wohlschmeckend, schmackhaft
jóízűen eszik	sich schmecken lassen
azonban	jedoch
belekóstol (vmibe)	(ein bisschen) kosten, probieren
vár	warten
fogás, -ok, -t	Gericht, Gang (beim Essen)
ugyanolyan	genauso
előző, -ek	der/die/das Vorherige, Vorhergehende
ugyanis	nämlich
szakács, -ok, -ot	Koch
elfogy	alle werden
türelem, türelmet	Geduld
elfogy a türelme	die Geduld verlieren
hall (Inf.: hallani)	hören
hallod-e	hör mal
máskor	sonst
bátyámuram	Herr Bruder (veraltete Anrede)
no	nun
igen	hier: sehr
pillanat, -ok, -ot	Moment, Augenblick
belép	eintreten
(meg)örül vkinek, vminek	sich freuen
azóta	seitdem
(meg)bán	bereuen
Még ma is élnek, ha meg nem haltak.	Wenn sie nicht gestorben sind, dann leben sie noch heute.
1 történet, -ek, -et	Geschichte, Story
kitalál	sich ausdenken, erfinden; erraten
cím, -ek, -et	Titel; Adresse
(meg)talál	finden
igazi	echt, richtig, wahr

valaki	jemand
rendező, -k, -t	Regisseur
színész, -ek, -t	Schauspieler
színésznő, -k, -t	Schauspielerin
keres	suchen
ajándék, -ok, -ot	Geschenk
2 együttes, -ek, -t	Gruppe, Ensemble
című	betitelt
lemez, -ek, -t	Schallplatte
kapitány, -ok, -t	Kapitän
dél, délen	Süden, nach Süden
járt	war, ist gewesen
fog	fangen
tojik	ein Ei legen
kikel	schlüpfen
nála szebb	schöner als er/sie/es
e = ez a(z)	diese/r/s
ez így ment volna	so wäre es weitergegangen
tán = talán	vielleicht
hosszú időn át	(durch) lange Zeit (hindurch)
idejekorán	frühzeitig

9. lecke

A

szabadság, -ok, -ot	Urlaub; Freiheit
szabadidő, -t	Freizeit
tölt (*Inf.:* -eni)	verbringen
nyaral	Sommerurlaub machen
bejár	bereisen, befahren, bewandern
környék, -et	Umgebung, Gegend
kirándul	einen Ausflug machen
nevezetesség, -ek, -et	Sehenswürdigkeit
puszta, '-k, '-t	Puszta
így	so
alkalom, alkalmak, alkalmat	Gelegenheit; Anlass
nyelv, -ek, -et	Sprache
gyakorol	üben

Olaszország, -ot	Italien
idén	dieses Jahr, in diesem Jahr
tengerpart, -ok, -ot, -ja	(Meeres-)Küste
Velence, '-t	Venedig
Firenze, '-t	Florenz
fényképez	fotografieren
európai, -ak	europäisch
körutazás, -ok, -t	Rundreise
részt vesz (*Inf.:* venni) vmin	teilnehmen
először	zuerst, zunächst
utazik	fahren, reisen
osztrák, -ok	österreichisch; Österreicher, -in
főváros, -ok, -t	Hauptstadt
onnan	von dort
tovább	weiter
Prága, '-t	Prag
állomás, -ok, -t	Station
Drezda, '-t	Dresden
meglátogat	besuchen
vonat, -ok, -ot	Zug
Párizs, -t	Paris
hangulat, -ok, -ot	Stimmung
magával ragad	hinreißen, mit sich reißen
megismerkedik vkivel	kennen lernen
négyhetes	vierwöchig
gyönyörű, -ek	wunderschön, herrlich
Görögország, -ot	Griechenland
sziget, -ek, -et	Insel
szálloda, '-k, '-t	Hotel
napozik	sich sonnen
biciklitúra, '-k, '-t	Fahrradtour
Lengyelország, -ot	Polen
megtanul	(er)lernen
lengyel, -ek	polnisch; Pole, Polin
mazúriai	masurisch
tó, tavak, tavat	(der) See
sátorozik	zelten
spanyol, -ok	spanisch; Spanier, -in
befizet vmire	einzahlen, buchen
nyelvtanfolyam, -ok, -ot	Sprachkurs
Spanyolország, -ot	Spanien
vidék, -ek, -et	Gegend; Provinz

Anglia, '-t	England
Franciaország, -ot	Frankreich
Róma, '-t	Rom
Varsó, -t	Warschau
Oroszország, -ot	Russland
Moszkva, '-t	Moskau
Törökország, -ot	Türkei
Hollandia, '-t	Holland
Svédország, -ot	Schweden
1 Milyen nemzetiségű?	Welche Nationalität (hat) ...?
nemzetiség, -ek, -et	Nationalität
svájci, -ak	Schweizer, -in
orosz, -ok	russisch; Russe, Russin
Pétervár, -at	(Sankt) Petersburg
olasz, -ok	italienisch; Italiener, -in
Krakkó, -t	Krakau
beszél	sprechen
2 Milyen nyelven ...?	In welcher Sprache ...?

B

fog	werden
görög, -ök	griechisch; Grieche, Griechin
repülő, -k, -t (repülőgép, -ek, -et)	Flugzeug
mennyi időre?	(für) wie lange?
elutazik	wegfahren
szálloda, '-k, '-t	Hotel
ismerős, -ök, -t	Bekannte, -r
1 vonat, -ok, -ot	Zug
kemping, -ek, -et	Campingplatz, Zeltplatz

C

ifj. = ifjabb	jünger
érdekel	interessieren
gyakran	oft
jár	regelmäßig, oft gehen
sportol	Sport treiben
biciklizik	Fahrrad fahren
síel	Schi fahren
úszik	schwimmen
különösen	besonders

regény, -ek, -t	Roman
azonkívül	außerdem
klasszikus, -ak	klassisch
zene, '-k, '-t	Musik
id. = idősebb	älter
rajong vmiért	begeistert sein, schwärmen
vígjáték, -ok, -ot	Komödie, Lustspiel
kézimunkázik	handarbeiten
köt	stricken
varr	nähen
kártyázik	Karten spielen
érdekes, -ek	interessant
előadás, -ok, -t	Vortrag; Vorlesung; Aufführung
kosárlabdázik	Basketball spielen
tél, telek, telet	Winter
télen	im Winter
táncol	tanzen
főzés, -t	(das) Kochen
hobbi, -k, -t	Hobby
mindig	immer
kipróbál	ausprobieren
gyűjt (Inf.: -eni)	sammeln
különböző, -ek	verschieden, unterschiedlich
szakácskönyv, -ek, -et	Kochbuch
például	zum Beispiel
művészet, -ek, -et	Kunst
kiállítás, -ok, -t	Ausstellung
legjobban	am besten, am meisten
elkezd (Inf.: -eni)	anfangen, beginnen
jógázik	Yoga machen
idő, -t	hier: Wetter
apu, -t	Papa
játszótér, -terek, -teret	Spielplatz
rajzol	zeichnen, malen
például	zum Beispiel
dinoszaurusz, -ok, -t	Dinosaurier
mesél	erzählen
1 beiratkozik	sich einschreiben lassen, sich anmelden
mozog (mozgok, mozogsz, mozog, mozgunk, mozogtok, mozognak)	sich bewegen

hetente	wöchentlich
kétszer	zweimal
talp, -ak, -at	Fußsohle
megtanul	erlernen
szabás-varrás	Schneiden und Nähen
2 érdeklődési kör, -ök	Interessenkreis
egyáltalán	überhaupt
Börzsöny, -t	(Gebirge in Ungarn)
kedv, -et	Lust, Laune
Jöjjön velünk!	Kommen Sie mit (uns)!
focimeccs, -ek, -et	Fußballspiel
elszalaszt (Inf.: -ani)	verpassen, versäumen
hall (Inf.: -ani)	hören
irodalom, irodalmak, irodalmat	Literatur
4 bemegy (Inf.: bemenni)	hineingehen
jegy, -ek, -et	Karte; Fahrschein

10. lecke

A

idő, -k, -t, ideje	Zeit; Wetter
érdeklődik	sich erkundigen; sich interessieren
indul (vhonnan)	abfahren; losgehen
gyorsvonat, -ok, -ot	Schnellzug
vágány, -ok, -t	Gleis
ért (Inf.: -eni)	verstehen
hányadik?	der/die/das Wievielte?
másodosztály, -t	zweite Klasse
helyjegy, -ek, -et	Platzkarte
vált (Inh.: -ani)	lösen, buchen; wechseln
nemdohányzó	Nichtraucher-
dohányzó	Raucher-
személyvonat, -ok, -ot	Personenzug
első osztály	erste Klasse
szabad, -ok	frei
hely, -ek, -et	Platz
valaki	jemand
késik	sich verspäten, Verspätung haben
rögtön	sofort

utánanéz	nachschauen
másfél	anderthalb
múlva	in (zeitlich)
múlt	ist vergangen
2 menetrend, -ek, -et, -je	Fahrplan
Hány óráig?	Wie viel Stunden lang?
tart (Inf.: -ani)	dauern; halten
út, utak, utat, útja	Fahrt, Reise; Straße, Weg
alatt	während, in, innerhalb von
távolság, -ok, -ot	Entfernung

B

helyfoglalás, -t	Platzreservierung
hálókocsi, -k, -t	Schlafwagen
útlevél, -levelek, -levelet	Pass
repül	fliegen
MALÉV	(ungarische Fluggesellschaft)
járat	Fahrt, Linie
gép, -ek, -et	Maschine
foglalási szám, -ok, -ot	Reservierungsnummer
iroda, '-k, '-t	Büro
megad	angeben
Viszonthallásra.	Auf Wiederhören.
hónap, -ok, -ot, -ja	Monat
január, -t, -ja	Januar
február, -t, -ja	Februar
március, -t	März
április, -t	April
május, -t	Mai
június, -t	Juni
július, -t	Juli
augusztus, -t	August
szeptember, -t	September
október, -t	Oktober
november, -t	November
december, -t	Dezember
1 Hányadika van ma?	Der Wievielte ist heute?
2 névnap, -ok, -ot, -ja	Namenstag
hányadikán?	am Wievielten?
3 születésnap, -ok, -ot, -ja	Geburtstag

C

életrajz, -ok, -ot	Lebenslauf, Biographie
(el)végez	beenden, absolvieren
érettségizik	Abitur machen
kezd	beginnen, anfangen
pedagógia, '-t	Pädagogik
szak, -ok, -ot	Fach
költözik	(hin)ziehen, umziehen
szerez	erwerben
diploma, '-k, '-t	Diplom
ezután	danach
óta	seit
gyermekműsor, -ok, -t	Kindersendung, Kinder-programm
készít	machen, fertigstellen
férjhez megy	heiraten *(Frau)*
újságíró, -k, -t	Journalist
él	leben
század, -ok, -ot	Jahrhundert
1 legjelentősebb	bedeutendste, wesent-lichste
költő, -k, -t	Dichter
amikor	als, wenn
elhagy	verlassen
külföld	Ausland
egyedül	allein
felnevel	großziehen, erziehen
szegénység, -et	Armut
mosás, -t	Waschen
takarítás, -t	Putzen
keres	verdienen
vmivel keresi a kenyerét	sein (tägliches) Brot ver-dienen
megpróbál	versuchen
segít	helfen
árul	verkaufen
papírforgó, -k, -t	Papierrädchen
gazdag, -ok	reich
gazdagabb	reicher
meghal	sterben
sógor, -ok, -t	Schwager
gyámság, -ot	Vormundschaft
alá	unter *(räumlich)*
kerül	geraten, gelangen, kommen

... éves korában	im Alter von ... Jahren
megjelenik	erscheinen
verseskötet, -ek, -et	Gedichtband
szépség, -et	Schönheit
koldus, -ok, -t	Bettler
érettségi, -t	Abitur
vers, -ek, -et	Gedicht
miatt	wegen
folytathatta	durfte fortsetzen
tanulmány, -ok, -t	Studie, Studium
később	später
hallgató, -k, -t	Hörer
majd	dann
visszatér	zurückkehren
nyugat, -ot	Westen
Nyugat	*(Titel einer Zeitschrift, 1908-1941)*
folyóirat, -ok, -ot	Zeitschrift
publikál	publizieren, veröffentli-chen
írás, -ok, -t	Schreiben, Schrift
szó, szavak, szót	Wort
baloldali, -ak	linksgerichtet, links-orientiert
szerkesztő, -k, -t	Redakteur
elé	vor *(räumlich)*
veti magát	sich werfen

D

időjárás, -ok, -t	Wetter
kint	draußen
fúj	wehen, blasen
szél, szelek, szelet	Wind
süt a nap	die Sonne scheint
nap, -ok, -ot, -ja	Sonne
tavasz, -ok, -t	Frühling
hőség, -et	Hitze
fok, -ot	Grad
pocsék, -ok	miserabel, schlecht, scheußlich
esik az eső	es regnet
ősz, -ök, -t	Herbst
esik a hó	es schneit
szánkózik	Schlitten fahren, rodeln
hűvös, -ek	kühl

2 időjárásjelentés, -ek, -t   Wetterbericht
Meteorológiai Intézet   Meteorologisches
     Institut

szerint	laut, gemäß
felhő, -k, -t	Wolke
napos, -ak	sonnig
mérsékelt, -ek	mäßig
várható, -ak	ist zu erwarten
hőmérséklet, -ek, -et	Temperatur
emelkedik	steigen
süllyed	sinken
többször	mehrmals
felhős, -ek	bewölkt
elszórtan	vereinzelt
zápor, -ok, -t	Regenschauer
helyenként	gebietsweise, örtlich
zivatar, -ok, -t	Gewitter
északi, -ak	nördlich, Nord-
élénk, -ek	lebhaft, *hier:* frisch
folytatódik	sich fortsetzen
évszak, -ok, -ot	Jahreszeit
vmihez képest	im Vergleich zu ...
legmagasabb nappali hőmérséklet	Tageshöchsttemperatur
alakul	sich gestalten, entstehen
időnként	zeitweise
megélénkülő	*hier:* auffrischend, zunehmend
szeles, -ek	windig
változó, -ak	wechselnd, veränderlich
felhőzet, -et	Bewölkung
futózápor, -ok, -t	Regenschauer
délnyugati, -ak	südwestlich, Südwest-
fordul	sich wenden, umkehren
viharos, -ak	stürmisch
kora délután	am frühen Nachmittag
közelében	in der Nähe von
késő este	spät am Abend
valószínű	wahrscheinlich
3 soha	nie

A

ünnep, -ek, -et	Feier, Feiertag, Fest
jókívánság, -ok, -ot	Glückwunsch
virág, -ok, -ot	Blume
virágárus, -ok, -t	Blumenhändler
szegfű, -k, -t	Nelke
rózsa, '-k, '-t	Rose
drága, '-k	teuer
kardvirág, -ok, -ot	Gladiole
szál, -ak, -at	Stück *(bei Blumen)*; Faden, Faser
boldog, -ok	glücklich
kedves, -ek	lieb, nett
minden jót	alles Gute

B

karácsony, -ok, -t	Weihnachten
hasonlóképpen	ähnlich wie
ünnepel (ünnepli, -k)	feiern
karácsonyfa, '-k, '-t	Weihnachtsbaum
felállít	aufstellen
fenyő, -k, -t	Tanne, Kiefer
dísz, -ek, -t	Schmuck, Verzierung
gyertya, '-k, '-t	Kerze
feldíszít	(aus)schmücken
hiányozhat	darf fehlen
hiányzik (*Inf.:* hiányozni)	fehlen
szaloncukor, -cukrok, -cukrot	Weihnachtsbonbons in Ungarn
sem	auch nicht
(meg)ajándékoz	schenken, bescheren
egymás	einander
fa '-k, '-t	Baum
ajándék, -ok, -ot	Geschenk
ajándékozás, -t	Schenken, Bescherung
kellemes, -ek	angenehm
szilveszter, -ek, -t	Silvester
újév, -ek, -et	das neue Jahr
utolsó, -k	letzte
házibuli, -k, -t	Fete, Party
rendez	veranstalten, organisieren

bál, -ok, -t, -ja	Ball
marad	bleiben
szokás, -ok, -t	Gewohnheit
éjfél, -t	Mitternacht
(el)énekel, énekli, -k	singen
himnusz, -ok, -t	(National-)Hymne
pezsgő, -k, -t	Sekt
koccint	anstoßen *(mit Gläsern)*
BÚÉK!	*(Abkürzung von „Boldog Újévet kívánok!")*
húsvét, -ok, -ot, -ja	Ostern
locsolás, -ok, -t	Begießen
(meg)locsol	(be)gießen
hogy szépek legyenek	damit sie schön werden
hogy el ne hervadjanak	damit sie nicht verwelken
-ért	für
falun	im Dorf, auf dem Lande
sok helyen	vielerorts
zsupsz!	plumps! bauz!
vödör, vödrök, vödröt	Eimer
önt	gießen, schütten
már csak	nur noch
csepp, -ek, -et, -je	Tropfen
kölni, -k, -t	Parfüm, Kölnischwasser

C

nemsokára	bald
töri a fejét	sich den Kopf zerbrechen
vegyen	soll kaufen
izgalmas, -ak	spannend
mégis	trotzdem, doch
lemez, -ek, -t	Schallplatte
színházrajongó, -k, -t	Theaterfan
edzés, -ek, -t	Training
sporttáska, '-k, '-t	Sporttasche
nemrég	kürzlich, neulich
különböző, -ek	verschieden
gyűjt *(Inf.: gyűjteni)*	sammeln
talál	finden
szakácskönyv	Kochbuch
esetleg	eventuell
fűszer, -ek, -t	Gewürze
foglalkozik vmivel	sich beschäftigen

szótár, -ak, -t	Wörterbuch
Mit vegyek?	Was soll ich kaufen?
levelezik	korrespondieren
valamilyen	irgendwelche
levélpapír, -ok, -t, -ja	Briefpapier
töltőtoll, -ak, -at	Füllfederhalter
filctoll, -ak, -at	Faserstift
1 meghívás, -ok, -t	Einladung
szeretet, -et	Liebe
szeretettel	mit Liebe, herzlich
meghív vkit	einladen
nálunk	bei uns
sokan	viele (Leute)
hozzánk	zu uns
Mi újság?	Was gibt es Neues?
veletek	mit euch
nálatok	bei euch
gondol vkire	denken an jmd.
rátok	an/auf euch
vár	warten
válasz, -ok, -t	Antwort
hozzátok	zu euch
szilveszterezik	Silvester feiern
egyébként	übrigens
ráfér (rámfér, rádfér, ráfér, ránkfér, rátokfér, rájukfér)	nötig haben, brauchen können
pihenés, -t	Erholung
üdvözlet, -ek, -et	Gruß
fogalmam sincs	ich habe keine Ahnung
ötlet, -ek, -et	Idee
vegyél	kaufe; nimm
kazetta	Kassette
hátizsák, -ok, -ot	Rucksack
3 senki, -t	niemand
semmi, -t	nichts
sehol	nirgends
sehonnan	nirgendwoher
semmikor	nie
soha	nie, niemals
lehet	*hier:* kann sein
létezik	existieren
Soha sem lehet tudni.	Man kann es nie wissen.

12. lecke

A

fő	Haupt, *hier:* Hauptsache
egészség, -et	Gesundheit
test, -ek, -et	Körper
fej, -ek, -et	Kopf
orr, -ok, -ot	Nase
fül, -ek, -et	Ohr
száj, -ak, -at (szám, szád, szája, szánk, szátok, szájuk)	Mund
fog, -ak, -at	Zahn
nyak, -ak, -at	Hals, Nacken
kar, -ok, -t, -ja	Arm
kéz, kezek, kezet	Hand
szív, -ek, -et	Herz
mellkas, -ok, -t	Brustkorb
has, -ak, -at	Bauch
hát, -ak, -at	Rücken
láb, -ak, -at	Bein; Fuß
Mi baja van?	Was fehlt Ihnen?
érzi magát	sich fühlen
fáj	weh tun
torok, torkot (torkom, torkod, torka, ...)	Hals, Kehle
láz, -ak, -at	Fieber
torokgyulladás, -ok, -t	Halsentzündung
gyulladás, -ok, -t	Entzündung
influenzás vagyok	ich habe Grippe
influenza, '-t	Grippe
1 lázas vagyok	ich habe Fieber
náthás	verschnupft
meg vagyok fázva	ich bin erkältet
gyomorrontásom van	ich habe mir den Magen verdorben
tüdőgyulladás, -ok, -t	Lungenentzündung
2 nincs kedvem	ich habe keine Lust
fáradt, -ak	müde
felhív	anrufen
jobbulást	gute Besserung
kipiheni magát	sich ausruhen, sich erholen

Pihend ki magad!	Ruhe dich aus! Erhole dich!
gyomor, gyomrok, gyomrot (gyomrom, ...)	Magen

B

panasz, -ok, -t	Beschwerde
erős, -ek	stark
mióta	seit wann
két napja	seit zwei Tagen
óta	seit
(meg)vizsgál	untersuchen
levetkőzik	sich ausziehen
derék, derekak, derekat	Taille
Vetkőzzön le derékig!	Machen Sie den Oberkörper frei!
mély, -ek	tief
lélegzet, -ek, -et	Atemzug
Vegyen mély lélegzetet!	Atmen Sie tief ein!
mutat	zeigen
felír	aufschreiben, verschreiben
gyógyszer, -ek, -t	Arznei, Medikament
naponta	täglich
-szor, -szer, -ször	mal
bevesz (*Inf.:* bevenni)	einnehmen
étkezés, -ek, -t	Mahlzeit, Essen
1 helyett	statt, anstatt
kevesebb, -et	weniger
dohányzik (*Inf.:* dohányozni)	rauchen
több, -et	mehr
rendszeres, -ek, -en	regelmäßig
fogat mos	Zähne putzen
2 gyógyszert szed	Medikamente nehmen
persze	freilich
még ... sem	nicht einmal
fogyókúrázik	eine Schlankheitskur/Diät machen
képzeld el	stell dir vor
elképzel	sich vorstellen
munkahely, -ek, -et	Arbeitsplatz
túlórázik	Überstunden machen
3 tanácsol	raten
állandóan	stets, immer, ständig

csoda, '-k, '-t	Wunder
ilyen sokat	so viel
hétvége, '-k, '-t	Wochenende
főleg	hauptsächlich, vor allem
4 megiszik (*Inf.*: meginni)	austrinken
felvesz (*Inf.*: felvenni)	anziehen; aufnehmen
kikapcsol	ausschalten
becsuk	zumachen, schließen
kihűl	kalt werden
letesz (*Inf.*: letenni)	ablegen
annyi, -t	soviel

C

fájdalomcsillapító, -t	Schmerztablette
(meg)kap	bekommen, erhalten
lázcsillapító, -t	Fiebermittel, Tabletten gegen Fieber
szemcsepp, -ek, -et	Augentropfen
altató, -k, -t	Schlafmittel, -tablette
elvág	schneiden
ujj, -ak, -at	Finger
seb, -ek, -et	Wunde
tapasz, -ok, -t	Pflaster
1 felszalad vkihez	hinaufrennen, *hier:* auf einen Sprung vorbeikommen
szüksége van vmire	etw. brauchen
légy szíves	sei so gut
kamillatea, '-t	Kamillentee
orrcsepp, -ek, -et	Nasentropfen
2 titok, titkok, titkot	Geheimnis
alapján	aufgrund, nach
halál, -ok, -t	Tod
megér	(ein Alter) erreichen
fiatalkor, -ok, -t	Jugend
sokáig	lange
azonban	jedoch
meggyógyul	gesund werden, genesen
megbetegedik/megbetegszik	krank werden
körül	um etw. herum
pucol	putzen
zsír, -ok, -t	Schmalz, Fett
fogyaszt	verbrauchen, konsumieren, verzehren

néha	manchmal
igyekszik (*Inf.*: igyekezni)	sich bemühen
tartósító, -t	Konservierungsstoff
manapság	heutzutage
egészségtelen, -ek, -ül	ungesund
táplálkozik	sich ernähren
életmód, -ok, -ot, -ja	Lebensweise
sokszor	oftmals, vielmals
betegség, -ek, -et	Krankheit
megelőz	vorbeugen
fontos, -ak	wichtig
légzés, -ek, -t	Atmung, Atmen
torna, '-k, '-t	Turnen, Gymnastik
tornázik	Gymnastik machen, turnen
erő, -k, -t (ereje, erejük)	Kraft

13. lecke

A

Mit vegyek fel?	Was soll ich anziehen?
blúz, -ok, -t	Bluse
pulóver, -ek, -t	Pullover
kalap, -ok, -ot, -ja	Hut
blézer, -ek, -t	Blazer
kosztüm, -ök, -öt, -je	Kostüm
szoknya, '-k, '-t	Rock
farmernadrág, -ok, -ot, -ja	Jeans
tornacipő, -k, -t	Turnschuh(e)
szandál, -ok, -t, -ja	Sandale(n)
harisnyanadrág, -ok, -ot, -ja	Strumpfhose
zokni, -k, -t	Socken
cipő, -k, -t	Schuh(e)
sapka, '-k, '-t	Mütze, Kappe
kabát, -ok, -ot, -ja	Mantel
sál, -ak, -at, -ja	Schal, Halstuch
zakó, -k, -t	Sakko
öltöny, -ök, -t	Anzug
nadrág, -ok, -ot, -ja	Hose
dzseki, -k, -t	Jacke

ing, -ek, -et	Hemd
kesztyű, -k, -t	Handschuhe
nyakkendő, -k, -t	Krawatte; Halstuch
csizma, '-k, '-t	Stiefel
visel	tragen
1 kié?	wem gehört?
azt hiszem	ich glaube
hisz (*Inf.:* hinni)	glauben
parkol	parken

B

méret, -ek, -et	Größe
Hányas méret?	Welche Größe?
felpróbál	anprobieren
divatos, -ak	modisch
kockás, -ak	kariert
egyszínű, -ek	einfarbig
ugyanaz, -ok, -t	der-/die-/dasselbe
fazon, -ok, -t, -ja	Fasson, Schnitt
vajszínű, -ek	cremefarben, beige
szürke, '-k	grau
próbafülke, '-k, '-t	Anproberaum, -kabine
olcsó, -(a)k	billig
szűk, -ek	eng
egy számmal nagyobb	eine Nummer größer
félcipő, -k, -t	Halbschuhe
belőle	davon
egy számmal kisebb	eine Nummer kleiner
hasonló, -ak	ähnlich
drága, '-k	teuer
piszkos, -ak	schmutzig, dreckig
ideges, -ek	nervös
választ (*Inf.:* -ani)	wählen
2 Melyiket válasszam?	Welche/n/s soll ich wählen?
összehasonlít (*Inf.:* -ani)	vergleichen
egyszerű, -ek	einfach
mint	wie; als
szerinted	deiner Meinung nach
jól/jobban áll vkinek	steht jmd. gut/besser
szerintem	meiner Meinung nach
igaz, -ak	(es ist) wahr
elegáns, -ak	elegant
bő (bővebb)	weit; breit
hosszú (hosszabb)	lang

C

kap	bekommen, *hier:* kaufen
Hol lehet ... kapni?	Wo kann man ... kaufen?
dolog, dolgok, dolgot	Sache; Arbeit, etw. zu tun
sok dolgom van, sok dolgod van, sok dolga van, ...	viel zu tun haben
pénzt vált (*Inf.:* -ani)	Geld wechseln
kivesz (*Inf.:* kivenni)	herausnehmen, *hier:* ausleihen
néhány	einige
útikönyv, -ek, -et	Reiseführer
fontos, -ak	wichtig
szappan, -ok, -t	Seife
fogkrém, -ek, -et	Zahnpasta
papírzsebkendő, -k ,-t	Papiertaschentücher
napolaj, -ak, -at	Sonnenöl
sampon, -ok, -t, -ja	Shampoo
vécépapír, -t, -ja	Toilettenpapier
toll, -ak, -at	Stift, Kuli
ceruza, '-k, '-t	Bleistift
füzet, -ek, -et	Heft
fürdőnadrág, -ok, -ot, -ja	Badehose
pólóing, -ek, -et	T-Shirt
strandtáska, '-k, '-t	Strandtasche
napszemüveg, -ek, -et	Sonnenbrille
bejárat, -ok, -ot	Eingang
1 mosógép, -ek, -et	Waschmaschine
porszívó, -k, -t	Staubsauger
2 kiállítás, -ok, -t	Ausstellung
játékbolt, -ok, -ot	Spielwarenladen
felad	aufgeben

14. lecke

A

levélfelvétel, -t	Briefannahme
felvétel, -ek, -et	Annahme, Aufnahme
értékcikk, -ek, -et	Wertzeichen
árusítás, -ok, -t	Verkauf
távirat, -ok, -ot	Telegramm

bélyeg, -ek, -et	Briefmarke
rá	darauf
mennyi ideig?	wie lange?
pontos, -ak	genau; pünktlich
sürgős, -ek	dringend, eilig
küld (*Inf.:* -eni)	schicken
levelezőlap, -ok, -ot, -ja	Postkarte
légiposta	Luftpost
képeslap, -ok, -ot, -ja	Ansichtskarte
expressz (levél)	Eilbrief
ajánlott levél	Einschreibebrief
miután	nachdem
beletesz (*Inf.:* -tenni)	hineinlegen, -tun
boríték, -ok, -ot, -ja	Briefumschlag
ragaszt (*Inf.:* -ani)	kleben
ráír	daraufschreiben
címzett, -ek, -et, -je	Adressat
cím, -ek, -et	Adresse; Titel
irányítószám, -ok, -ot	Postleitzahl
felső, -k	obere
feladó, -k, -t	Absender
azaz	das heißt
saját	eigene
bedob	einwerfen
postaláda, ´-k, ´-t	Briefkasten
kitölt (*Inf.:* -eni)	ausfüllen
táviratlap, -ok, -ot, -ja	Telegrammblatt
szó, szavak, szót, szava	Wort
1 Románia, ´-t	Rumänien
Csehország, -ot	Tschechien

B

telefonál	telefonieren
külföld, -et	Ausland
hívószám, -ok, -ot	Rufnummer, Vorwahl
természetesen	natürlich
először	zuerst, zunächst
tárcsáz	wählen (beim Telefonieren)
búgó hang	Summton, *hier:* Freizeichen
tovább	weiter
kérdés, -ek, -t	Frage
érme, ´-k, ´-t	Münze
telefonkártya, ´-k, ´-t	Telefonkarte

aprópénz, -t	Kleingeld
egység, -ek, -et	Einheit
1 Belgium, -ot	Belgien
Dánia, ´-t	Dänemark
telefonbeszélgetés, -ek, -t	Telefongespräch
utazási iroda, ´-k, ´-t	Reisebüro
mellék, -ek, -et	*hier:* Nebenanschluss
kapcsol	schalten, verbinden
bent	drin
szabadnap, -ok, -ot, -ja	freier Tag, Urlaubstag
felhív	anrufen
téves, -ek	falsch, irrtümlich
téves kapcsolás, -ok, -t	falsch verbunden
teljesen	gänzlich, vollständig
hiszen	ja, doch
együtt	zusammen
a múlt héten	letzte Woche
hogyhogy?	wieso?
hív	rufen, anrufen
kár	schade
elbeszélget	sich eine Weile unterhalten
2 ismerős, -ök, -t	Bekannte/r
munkahely, -ek, -et	Arbeitsplatz
márka, ´-t	Mark (*Währung*)
bevált (*Inf.:* -ani)	wechseln, eintauschen
árfolyam, -ok, -ot	Wechselkurs
sorszám, -ok, -ot	Wartenummer
megkap	bekommen, erhalten
összeg, -ek, -et	Summe

C

levelezés, -ek, -t	Korrespondenz
letesz (*Inf.:* letenni)	ablegen
utolsó, -k	letzte
vizsga, ´-k, ´-t	Prüfung
szabad, -ok	frei
ilyen	so, solch(e)
unalmas, -ak	langweilig
képzeld	stell dir vor
elkezd (*Inf.:* -eni)	anfangen, beginnen
repülőgép, -ek, -et	Flugzeug
repülőtér, -terek, -teret	Flughafen

két hét múlva	in zwei Wochen
elutazik	wegfahren
addig	bis dahin, solange
remél	hoffen
elfelejt (*Inf.:* -eni)	vergessen
megint	wieder
belejön vmibe	*hier:* in Schwung/ Übung kommen
szüksége van vmire (szükségem van, szükséged van, szüksége van, ...)	etw. brauchen
repülőjegy, -ek, -et	Flugticket
unatkozik	sich langweilen
üdvözlet, -ek, -et	Gruß
1 csónakázik	Boot fahren
2 gyakran	oft
szerepel	auftreten, eine Rolle spielen
tündér, -ek, -t	Fee
szellem, -ek, -et	Geist
teljesít (*Inf.:* -eni)	erfüllen
kívánság, -ok, -ot	Wunsch
kert, -ek, -et, -je	Garten
kertes ház, -ak, -at	Haus mit Garten
3 szöveg, -ek, -et	Text
tartozik	gehören
elkésik vhonnan	sich verspäten

15. lecke

A

határ, -ok, -t	Grenze
útlevél, -levelek, -levelet	Pass
útlevélvizsgálat, -ot	Passkontrolle
mindnyájan	alle
állampolgár, -ok, -t	Staatsbürger
vámköteles, -ek	zollpflichtig
áru, -k, -t	Ware
apróság, -ok, -ot	Kleinigkeit
1 bomba, '-k, '-t	Bombe
elvámolnivaló	etw. zu verzollen
odalép	dazu-, hinzutreten
udvarias, -ak	höflich

tisztelgés, -ek, -t	Salutieren
egyenruha, '-k, '-t	Uniform
vámőr, -ök, -t	Zollbeamter
szíveskedjék = legyen szíves	seien Sie so nett (*sehr höflich*)
szíveskedik	nett, zuvorkommend sein
bőrönd, -ök, -öt	Koffer
fölkapja a fejét	den Kopf hochwerfen
arcvonás, -ok, -t	Gesichtszug
elkomorul	finster werden
megkeményedik	hart werden
hisz = hiszen	doch, ja
szigorú, -ak	streng
tilos	verboten
terület, -ek, -et	Gebiet
csakis	nur
különleges, -ek	besondere, speziell
hivatalos, -ak	offiziell
engedély, -ek, -t	Erlaubnis, Genehmigung
rosszul ért	falsch verstehen
ja úgy!	ach so!
megnyugszik (*Inf.:* megnyugodni)	sich beruhigen, ruhig werden
széles, -ek	breit
nyájas, -ak	fromm, friedlich
mosoly, -ok, -t	Lächeln
ismét	wieder
tiszteleg	salutieren
becsuk	zumachen
Jó utat!	Gute Fahrt! Gute Reise!

B

benzinkút, -kutak, -kutat -kútja	Tankstelle
tele	voll
(meg)mér	messen
gumi, -k, -t	Gummi, *hier:* Reifen
nyomás, -t	Druck
rész, -ek, -t	Teil
fék, -ek, -et, -je	Bremse
gázpedál, -ok, -t, -ja	Gaspedal
ablaktörlő, -k, -t	Scheibenwischer
kormány, -ok, -t	Steuer, Lenkrad
fényszóró, -k, -t	Scheinwerfer

index, -ek, -et	Blinker
motor, -ok, -t, -ja	Motor
kerék, kerekek, kereket, kereke	Rad
kuplung, -ok, -ot, -ja	Kupplung
kipufogó, -k, -t	Auspuff
csomagtartó, -k, -t	Kofferraum
jogosítvány, -ok, -t	Führerschein
beindul	anspringen, in Gang kommen
elromlik	kaputtgehen
működik	funktionieren
1 gyújtás, -t	Zündung
őrület, -et	Wahnsinn
kész őrület!	Es ist der blanke Wahnsinn!
bedöglik	kaputtgehen, versagen (*umgangssprachlich*)
hiba, '-k, '-t	Fehler
megcsinál	*hier:* reparieren
érte jön/érte megy	abholen
javítás, -ok, -t	Reparatur

C

megcsináltat	reparieren lassen
szerelő, -k, -t	Monteur, Mechaniker
keres	suchen
valahol	irgendwo
kész	fertig
tábla, '-k, '-t	Schild; Tafel
kiadó	zu vermieten
kénytelen, -ek	gezwungen
éjszakázik	übernachten
kétágyas szoba	Zweibettzimmer
ez is megteszi	es geht
kivesz egy szobát	ein Zimmer nehmen
1 ha lehet	wenn es geht, wenn möglich
nyílik	sich öffnen
zajos, -ak	laut, mit Lärm
belső udvar, -ok, -t	Innenhof
magánszállás, -ok, -t	Privatunterkunft, Privatzimmer
csendes, -ek	still, leise, ruhig
panzió, -k, -t	Pension

D

stoppos, -ok, -t	Tramper
telik az idő	die Zeit vergeht
Isten őrizz!	Gott behüte!
valóságos, -ak	echt, wirklich, real
rémtörténet, -ek, -et	Schauergeschichte
soha sem lehet tudni	man kann nie wissen
fél vkitől/vmitől	Angst haben, sich fürchten
őszinte, '-k	ehrlich
megismer	kennen lernen
idegen, -ek	fremd; der Fremde
felelős, -ek	verantwortlich
jelent (*Inf.:* -eni)	bedeuten
órák hosszat	stundenlang
országút, -utak, -utat, -útja	Landstraße
vélemény, -ek, -t	Meinung
1 különböző, -ek	unterschiedlich
vitatkozik	diskutieren
baleset, -ek, -et	Unfall
szerintem	meiner Meinung nach
Nekem az a véleményem, hogy ...	Ich bin der Meinung, dass ...

16. lecke

A

főváros, -ok, -t	Hauptstadt
körülbelül	ungefähr
lakos, -ok, -t	Einwohner
Duna, '-t	Donau
part, -ok, -ot, -ja	Ufer
fekszik (*Inf.:* feküdni)	liegen
oldal, -ak, -t	Seite
egyesül	vereinigt werden
önálló, -ak	selbständig
egyesített, -ek	vereinigt
ismert, -ek	bekannt
Országház, -at	Parlament (*Gebäude*)
vég, -ek, -et	Ende
épít (*Inf.:* -eni)	bauen

ülésezik	tagen, Sitzungen abhalten
országgyűlés, -ek, -t	Parlament (*politisches Organ*)
Várhegy, -et	Burgberg
található, -ak	ist zu finden
többek között	unter anderen
gótikus, -ak	gotisch
Halászbástya, '-t	Fischerbastei
terasz, -ok, -t	Terrasse
kilátás, -t	Aussicht, Panorama
lesétál	hinunter-, herunterspazieren
híres, -ek	berühmt
Lánchíd, -hidat	Kettenbrücke
átvezet	überführen
belváros, -t	Innenstadt
török, -ök	türkisch; Türke/Türkin
érdekesség, -ek	(etw.) Interessantes
kontinens, -ek, -t	Kontinent
építés, -t	Bau
forrás, -ok, -t	Quelle
hall (*Inf.:* hallani)	hören
tervez	planen, entwerfen
kulturális	kulturell, Kultur-
központ, -ok, -ot, -ja	Mittelpunkt, Zentrum
közel	beinahe
kiállítóterem -termek, -termet	Ausstellungsraum, Galerie
gazdag, -ok	reich
válogat	(aus)wählen
látogató, -k, -t	Besucher
(meg)rendez	veranstalten
különféle, '-k	verschiedene
rendezvény, -ek, -t	Veranstaltung
sor kerül vmire	*hier:* stattfinden
hangverseny, -ek, -t	Konzert
néptánc, -ok, -ot	Volkstanz
érdeklődő, -k, -t	Interessent
2 szabadtéri színpad, -ok, -ot	Freilichtbühne
változatos, -ak	abwechslungsreich
kamaraegyüttes, -ek, -et	Kammermusikgruppe
kamarazene, '-t	Kammermusik
divatbemutató, -k, -t	Modenschau
reklám, -ok, -ot, -ja	Werbung, Reklame

kezdet, -ek, -et	Beginn
nyitva	geöffnet

B

reformáció, -t	Reformation
református, -ok, -t	reformiert
képes, -ek	fähig, geeignet
befogad	aufnehmen, empfangen
szabadságharc, -ok, -ot	Freiheitskampf
idején	während, zur Zeit von …
esemény, -ek, -t	Ereignis
színhely, -ek, -et	Schauplatz
kimond (*Inf.:* -ani)	aussagen, erklären, deklarieren
Nemzetgyűlés, -t	Nationalversammlung
vezetés, -ek, -t	Leitung, Führung
függetlenség, -et	Unabhängigkeit
birodalom, birodalmak, birodalmat	Reich
természetvédelmi terület	Naturschutzgebiet
kilenclyukú híd	neunbogige Brücke
gémeskút, -kutak, -kutat -kútja	Ziehbrunnen
csikós, -ok, -t	Pferdehirt
bemutat	vorführen, aufführen
régen	früher
élet, -ek, -et	Leben
Alföld, -et	die Große Tiefebene in Ungarn
halász, -ok, -t	Fischer
megélhetés, -t	Auskommen, Lebensunterhalt
biztosít (*Inf.:* -ani)	sichern, versichern
gond, -ok, -ot	Sorge
lakosság, -ot	Bevölkerung
árvíz, -vizet	Hochwasser
elönt (*Inf.:* -eni)	überschwemmen
stílus, -ok, -t	Stil
orgona, '-k, '-t	Orgel
tart (*Inf.:* -ani)	halten, *hier:* veranstalten
szabadtéri	Freilicht-
vonz (*Inf.:* -ani)	anziehen

C

Dunántúl, -t	Transdanubien *(der Teil Ungarns westlich von der Donau)*
alapít (*Inf.:* -ani)	gründen
műemlék, -ek, -et	Denkmal
őriz	bewahren; bewachen
mecset, -ek, -et	Moschee
gyártás, -t	Herstellung
híres vmiről	berühmt für
készül	wird hergestellt
érdekes, -ek	interessant
Pécsett = Pécsen	in Pécs
mű, művek, művet	Werk
látható, -ak	ist zu sehen
fekvő	liegend

római, -ak	römisch
kor, -ok, -t	Alter, Epoche
emlék, -ek, -et	Denkmal
kőtár, -ak, -at	Steinsammlung
jelkép, -ek, -et	Wahrzeichen, Symbol
Tűztorony (-tornyot)	Feuerturm
festői, -ek	malerisch
óváros, -ok, -t	Altstadt
patika, '-k, '-t	Apotheke
mind	alle
műemlékvédelem (-védelmet)	Denkmalschutz
minta, '-k, '-t	Muster, Vorbild
kastély, -ok, -t	Schloss
nemesi, -ek	adelig
birtok, -ok, -ot	Besitz
komponál	komponieren
karmester, -ek, -t	Dirigent; Kapellmeister